考える力を伸ばす！
バスケットボール 練習メニュー200

日立サンロッカーズ ヘッドコーチ
小野秀二 監修

池田書店

Message by Shuji ONO

バスケットボールの魅力
What's Basketball ?

努力次第で誰もが
名選手になる可能性がある

バスケットボールの魅力

　バスケットボールは、10フィート（3m5cm）の高さに設置されているリングにボールを入れて得点を競うスポーツです。そして、試合会場が大歓声に包まれるのが、まさにリングにボールが吸い込まれ、得点が決まった瞬間です。

　シュートが決まる寸前のボールの軌道にはいろいろなものがあります。きれいな放物線を描く鮮やかなシュート、相手ディフェンスを巧みにかわしバックボードに当てて決めるシュート。また、リングの上からボールを叩き込むダンクシュートなども観客を大いに盛り上げてくれます。

　基本的にバスケットボールは1ゴールにつき2点ですが、その2点にも、それぞれ意味があります。相手を追い上げる2点、相手を引き離す2点、そして相手を逆転する2点。ときには、タイムアップ（試合終了）のブザーともにシュートが決まって、大逆転勝利を収めるような劇的なシーンに遭遇することもあります。それはまさしく、バスケットボールのおもしろさを象徴する、代表的なシーンといえるでしょう。

バスケットボールの試合のみどころ

　とはいえ、バスケットボールの大事なプレイはシュートだけではありません。シュートが決まる確率を高めるために使われるドリブルやパスのうまさ、そしてそれを封じようとするディフェンスの頑張りも、試合のみどころの1つになっています。

　実際に試合後のスコアには、各選手の得点数に並び、アシスト（シュートに結びつくパス）の数、スティール（相手からボールを奪うこと）の数が併記されます。また、

Interview バスケットボールの魅力

リバウンド（シュートが外れたボールを奪うこと）も「リバウンドを制する者が試合を制する」といわれるくらいに、試合の明暗をわける大切なプレイであり、もちろんスコアにはリバウンド数も明記されます。そして、大会終了後には、得点王だけでなく、アシスト王、ディフェンス王、リバウンド王として賞賛されることもあるのです。

華麗な得点シーンだけでなく、ボールに対する執着心や集中力を失わず、必死に頑張ろうとする姿勢、そのようなところにも目を向けてほしいと強く感じます。

勝利に貢献するには
いろいろなタイプがある

バスケットボールというと、背が高い選手のほうが圧倒的に有利というイメージがあるかもしれません。確かに背が高ければ、とくにゴール下で優位に戦えるのは事実ですが、それを補うほどのジャンプ力があったり、ポジショニングの能力に秀でていれば、長身の選手と互角以上に渡り合えます。

また、ゲームメイクには、背の高さ以上に、ドリブルやパスといった基本的なテクニックの正確さなどが求められます。さらに、たとえ速く走る、高く跳ぶといった運動能力に秀でていなくても、考えながらプレイすることでカバーすることが可能です。

うまい選手、勝利に貢献できる選手にはいろいろなタイプがあり、努力次第で誰もがそうなれる可能性があるというわけです。そしてそれも、バスケットボールが多くの人をひきつける魅力の1つといえるのではないでしょうか。

Interview バスケットボールの魅力

003

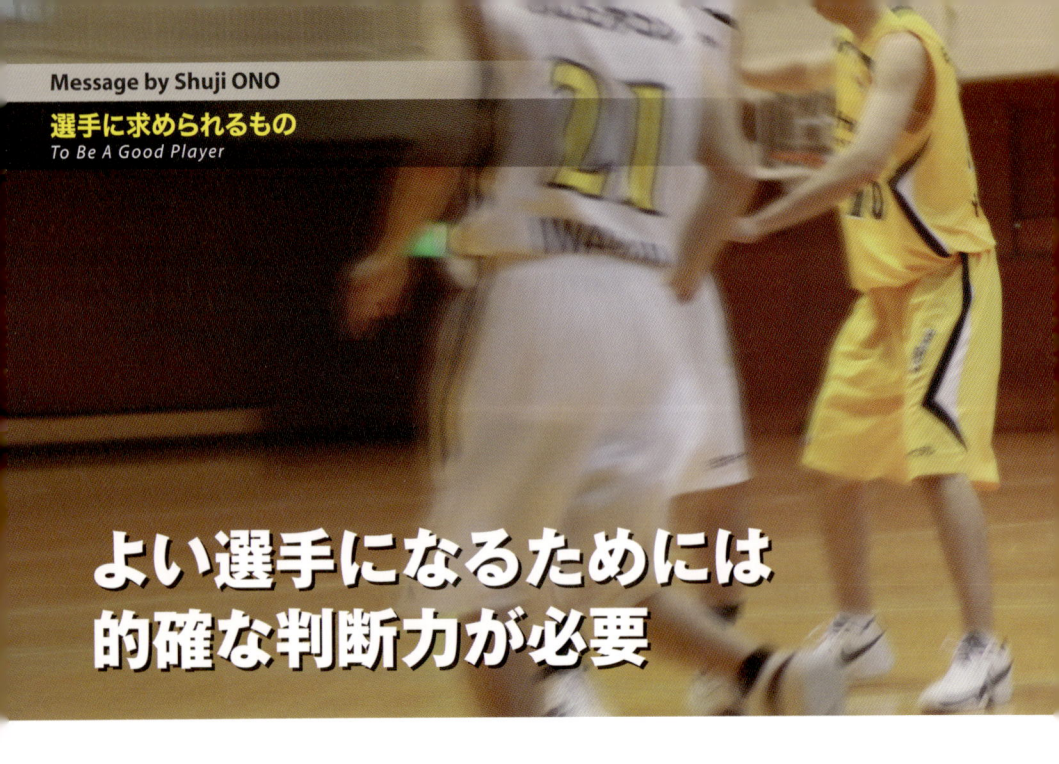

Message by Shuji ONO
選手に求められるもの
To Be A Good Player

よい選手になるためには
的確な判断力が必要

ボールを持っている時間は少ない

　日本国内のバスケットボールの試合は通常、10分間の4ピリオド制、トータル40分で行われます。年代によって試合時間が違うことはありますが、コートでプレイできる人数が1チーム5人であることはかわりません。つまりコート上には、10人の選手がいることになります。

　さて、40分を10人で割ると、「4分」という数字が浮かび上がります。これが何を意味するかというと、1人の選手がボールに触っている時間は、実際に感じているほど長くはないということです。交代して試合に出ていない時間、ボールがいずれかの選手の手にない時間なども考えあわせると、実際にボールを持っている時間はもっと短くなります。

　それだけに、ボールを扱う基本技術をしっかりと備えておきたいところ。難しいプレイを披露することが勝ちにつながるのではありません。単純なミスをなくし、基本プレイを大切にできる選手が、チームを勝利に導けるのです。

ボールを持っていないときも
集中しよう

　1人の選手がボールに触っている時間が単純計算で「4分」になるということは、ボールを持っていない時間のほうが長くなるということを意味しています。そう考えると、ボールを持っていないときに、どのような動きをするのかがとても大切になることがおわかりになるでしょう。

　「ボールを持っている選手がプレイしやすいようにまわりが動く」、「ボールを持っている選手がシュートに持ち込めないときのために、あらかじめ動いておく」、そうし

Interview　選手に求められるもの

たことが必要になるというわけです。しかし、だからといって、ただ単に動けばよいというものではありません。ときには「動きをとめて状況を見る」そして「必要なときに動き出す」という意識がプレイの精度を高めていきます。したがって、ボールを持っていない選手も、それぞれが自身の役割を理解しなくてはいけません。攻撃していても、ボールがないとついつい気が緩んでしまいがちですが、それではなかなかチームとして得点できません。ボールを持っていないときも集中し、全員で攻撃を仕掛けられるようにする。そうした1人ひとりの意識が、強いチームの土台となるのです。

状況をよく見ながら 的確なプレイを判断する

さらに選手には、状況に応じたプレイを的確に判断する力も求められます。

「積極的にシュートを狙っていくのか」、「果敢にドリブルで相手を抜きにかかるのか」、「冷静にパスをまわして攻撃を展開するのか」…。

1人の選手がまわりを見ずにシュートを打ってばかりでは、チームは機能しません。また、ドリブルばかりでも、パスを受けようと待ち構える選手のフラストレーションがたまってしまいます。だからといって、シュートを狙わずにパスをまわすことばかり考えていたら、ディフェンスに攻撃を防がれてしまいます。

したがって、よい選手になるための条件としては、戦況をよく見ながら、どのプレイを選択すべきかを判断する「冷静な判断力」が欠かせないということになります。

Interview ― 選手に求められるもの

Message by Shuji ONO

より強いチームを目指すために
To Win At The Game

『高さ』に対抗するには、『スペース』を意識する

全員が同じ基本プレイを

　よりレベルの高いチームを目指すには、選手1人ひとりが、それぞれの役割を果たすことが必要です。それは、コート上では、ゲームメイクするガード、攻撃の突破口を開くフォワード、ゴール下を支配するセンターという具合に、ポジションを示す用語で置き換えることもできます。

　とはいえ、普段の練習においてはポジションを意識しすぎないほうがよいという考え方も大切です。なぜなら、たとえば中学校年代の選手の場合、チームで与えられた役割だけで高校やその先も通用するとは限らないからです。

　センターだった選手がガードやフォワードに転向することがあれば、ガードの選手がフォワードやセンターの役割を担う場合もあります。それだけに全員が同じ基本プレイを身につける必要があるわけです。広い視野で見ると、そうした強化のなかから、日本を世界の舞台へと導く選手が生まれると私は思っています。

試合に出ていなくても一緒に戦う

　チームを代表してコート上で戦っているのは5人です。しかし、5人が上手であれば、それだけでよいチームといえるわけではありません。6番手として出場する選手をはじめとするベンチメンバー、さらにベンチにも入れず応援席でのどをからすチームメイトも含め、全員がまとまっていなければ、よいチームとはいえないはずです。

　バスケットボールのチームには、各練習の時間を計ったり、汗がフロアについたらモップで拭きとったり、さらにはうまくいか

Interview
より強いチームを目指すために

006

ないときの相談役など、いろいろな役割が必要です。そして、そのような存在があってこそ、練習の効果が高まり、試合結果に結びつけられます。

　選手も指導者も、普段の練習から主力メンバーに協力してくれるチームメイトを大切にしなければいけません。

日本バスケットボール界もう1つのキーワード

　現在、日本のバスケットボールは、身長が2メートルを超えるような選手たちが多くのスキルを身につけ、世界レベルに達する勢いで成長を遂げています。そうした「高さ」は絶対的な条件ではないものの、バスケットボールというスポーツを象徴する1つのキーワードであることに間違いはありません。

　その「高さ」とともに、バスケットボールにおけるもう1つの重要なキーワードとなるのが「スペース」です。どうしても身長の面では劣ってしまうわれわれ日本人が、チームとして世界と戦うときには、走る速さ、動きの速さ、展開の速さを、いかに発揮できるかが重要な鍵を握ります。

　そして、その速さを活かしたバスケットボールをスムーズに展開するうえで、メインテーマとなるのがこの「スペース」なのです。とくに大切なのは、「空いているスペースを自らつくり、そしていかに効果的に使うのか」ということ。高さのある相手を、「スペース」を活かしながらやっつける。実際、そのような爽快なシーンもバスケットボールの試合では数多く見られます。指導者の方も、常にこの「スペース」を意識して、チーム力の向上を目指してください。

<Message by Shuji ONO>
- ●バスケットボールの魅力 …………………………………………………… 002
- ●選手に求められるもの …………………………………………………… 004
- ●より強いチームを目指すために ………………………………………… 006

本書の見方、使い方 ……………………………………………………………… 016
用語解説①／コートに関わる言葉 ……………………………………………… 018

序章　練習メニューの組み立て方　019
- ●練習の基本的な考え方と指導者に求められるもの …………………… 020
- ●メニューの組み立て方 …………………………………………………… 022

第1章　シュート　025
- ●バスケットボール・ポジション ………………………………………… 026
- ●セットシュート …………………………………………………………… 028
- ●ジャンプシュート ………………………………………………………… 030

メニュー001 ◎ 真上に向かってシュート …………………………………… 032
メニュー002 ◎ 仰向けになってシュート …………………………………… 032
メニュー003 ◎ ゴール下シューティング …………………………………… 033
メニュー004 ◎ ミドルシューティング ……………………………………… 033
メニュー005 ◎ フリースロー ………………………………………………… 034
メニュー006 ◎ ジャンピングシュート ……………………………………… 035
メニュー007 ◎ ストライドストップ ………………………………………… 036
メニュー008 ◎ ジャンプストップ …………………………………………… 037
メニュー009 ◎ セルフミートシュート ……………………………………… 038
メニュー010 ◎ リバウンド&シュート ……………………………………… 039
メニュー011 ◎ ミートシュート ……………………………………………… 039
メニュー012 ◎ Vカット ……………………………………………………… 040
メニュー013 ◎ フレアーカット ……………………………………………… 040
メニュー014 ◎ Lカット ……………………………………………………… 041
メニュー015 ◎ カールカット ………………………………………………… 041

- ●レイアップシュート ……………………………………………………… 042
- ●アップシュート …………………………………………………………… 044
- ●バックシュート① ………………………………………………………… 046

CONTENTS

- ●バックシュート② ……………………………………………………………… 047
- メニュー**016**◎左からパスを受けてシュート ……………………………… 048
- メニュー**017**◎右からパスを受けてシュート ……………………………… 048
- メニュー**018**◎正面からドリブルシュート ………………………………… 049
- メニュー**019**◎コーナーからドリブルシュート …………………………… 049
- ●シールからのターンシュート ………………………………………………… 050
- ●シールからのフックシュート ………………………………………………… 052
- メニュー**020**◎ゴール下から正対して連続シュート ……………………… 054
- メニュー**021**◎ゴール下からバックシュート ……………………………… 054
- メニュー**022**◎ゴール下からフックシュート ……………………………… 055
- メニュー**023**◎はずれたらすばやくリバウンドボール …………………… 055
- メニュー**024**◎ボールを拾ってシュート …………………………………… 056
- メニュー**025**◎ボールを拾ってパワードリブル …………………………… 057
- ●チェストシュート ……………………………………………………………… 058
- 用語解説②／ポジションに関わる言葉 ………………………………………… 060

第2章　ドリブル　　061

- ●ボールハンドリング …………………………………………………………… 062
- メニュー**026**◎腰のあたりでボールをまわす ……………………………… 064
- メニュー**027**◎顔のあたりでボールをまわす ……………………………… 064
- メニュー**028**◎ボールをつまみ上げる ……………………………………… 065
- メニュー**029**◎ボールを引きつける ………………………………………… 065
- メニュー**030**◎前後でボールをキャッチする ……………………………… 066
- メニュー**031**◎両足の間でボールを持ちかえる …………………………… 066
- メニュー**032**◎「8の字」にボールを動かす ………………………………… 067
- メニュー**033**◎「8の字」にドリブルする …………………………………… 067
- メニュー**034**◎前から両手でついて後ろでキャッチ ……………………… 068
- メニュー**035**◎前からボールを投げ上げて後ろでキャッチ ……………… 068
- メニュー**036**◎前後に足を開いてボールをつく …………………………… 069
- メニュー**037**◎ヒザをついてボールを通す ………………………………… 069
- メニュー**038**◎両足を開いて座りボールをまわしていく ………………… 070
- メニュー**039**◎両足を交互に上げながらボールをつく …………………… 070
- メニュー**040**◎ボールを指でまわす ………………………………………… 071

009

メニュー041	◎ボールを手でまわす	071
●ツーボールのボールハンドリング		072
メニュー042	◎両手で同時につきながら前に進む	074
メニュー043	◎両手で交互につきながら前に進む	074
メニュー044	◎右手と左手で違うリズムでつきながら前に進む	075
メニュー045	◎両手で同時につきながらターンする	075
●ドリブルの基本姿勢		076
メニュー046	◎フロントチェンジ	078
メニュー047	◎インサイドアウト	079
メニュー048	◎バックロール	080
メニュー049	◎レッグスルー	081
メニュー050	◎バックビハインド	082
メニュー051	◎チェンジオブペース	083
メニュー052	◎ジグザグドリブルからシュート	084
メニュー053	◎45度のコーンを抜いてシュート	085
メニュー054	◎オールコートの1対1	086
メニュー055	◎1対2	087
メニュー056	◎サークルドリル	088

第3章　パス　089

●チェストパス		090
●サイドハンドパス		092
●ショルダーパス		093
●バウンズパス		094
メニュー057	◎距離を伸ばしていく対面パス	096
メニュー058	◎パスを出した方向に走る対面パス	097
メニュー059	◎後ろに走って戻ってくる対面パス	097
メニュー060	◎ツーボールの対面パス(チェストパス－バウンズパス)	098
メニュー061	◎ツーボールの対面パス(サイドハンドパス－サイドハンドパス)	099
メニュー062	◎ディフェンスをつけての対面パス	100
メニュー063	◎パスを出した方向に走る三角パス	101
メニュー064	◎パスとは逆方向に走る三角パス	101
メニュー065	◎ミシガンパッシング	102

メニュー066	◎フォーコーナーパッシング	103
メニュー067	◎フォーコーナーパッシング(クローズアウト)	103
メニュー068	◎パスを出した方向に走る四角パス	104
メニュー069	◎5 on 4	104
メニュー070	◎ツーメンパッシング	105
メニュー071	◎スリーメンパッシング	105
メニュー072	◎クリスクロス	106

第4章　ディフェンス　　107

●ディフェンスの基本姿勢		108
メニュー073	◎ショルダーステップ	110
メニュー074	◎クロスステップ	111
メニュー075	◎ラングライドラン	112
メニュー076	◎ボールチェック(1対1)	113
メニュー077	◎サークルドリル	114
メニュー078	◎シュート、パス、ドリブルへの対応	115
メニュー079	◎シグナルディフェンス	116
メニュー080	◎ルーズボールからの1対1	117
メニュー081	◎ボールを転がしてクローズアウト	118
メニュー082	◎ウイングへのパスに対してクローズアウト	119
メニュー083	◎ドリブルからのクローズアウト	119
●ディナイ		120
メニュー084	◎オフェンスの動きに対するディナイ	122
メニュー085	◎ボールの位置に合わせたポストディナイ	123
メニュー086	◎ポストディフェンス	124

第5章　リバウンド　　125

●ブロックアウト		126
●ボースハンドリバウンド		128
●ワンハンドリバウンド		130
メニュー087	◎頭上にボールを上げてキャッチ	132
メニュー088	◎背中や肩で押しあう	132
メニュー089	◎その場でボールを上げて奪いあう	133

メニュー090	◎サークルブロックアウト	134
メニュー091	◎シューターへのブロックアウト	135
メニュー092	◎タップ	136
メニュー093	◎ジャングルドリル	137
メニュー094	◎2対2のブロックアウト	137
メニュー095	◎バックボード&リングタッチ	138

第6章　個人技を磨く1対1　139

●ミートアウト		140
メニュー096	◎基本姿勢からボールを動かす	142
メニュー097	◎ピボットフット	143
メニュー098	◎キャッチ&ショット	144
メニュー099	◎キャッチ&ドライブ	145
メニュー100	◎ステップバック	146
メニュー101	◎フェイク&ゴー	147
メニュー102	◎リバースピボット	148
メニュー103	◎ジャブステップ	149
●インサイドの1対1の駆け引き		150
メニュー104	◎パワードリブル&フックシュート	152
メニュー105	◎リバースターンからのシュート	153
メニュー106	◎クロススクリーンからの1対1	154

第7章　連係プレイ　155

●オンボールの2対2		156
メニュー107	◎ボールサイドカット	158
メニュー108	◎ブラインドカット	159
メニュー109	◎ウイング同士の合わせ	160
メニュー110	◎ウイングとポストマンの2対2	161
メニュー111	◎インサイドアウト	162
メニュー112	◎ポストマンのスペーシング	163
メニュー113	◎ハイ・ロー	164
メニュー114	◎パワードリブルに合わせる	165
●スクリーンプレイ		166

メニュー115	◎ピックスクリーン	168
メニュー116	◎ピック&ロール	169
メニュー117	◎ピック&ポップ	170
メニュー118	◎リ・ピック	171
メニュー119	◎ピックとは逆にドライブイン	172
メニュー120	◎スリップ	173
メニュー121	◎トレイルプレイ	174
メニュー122	◎トレイルプレイからドライブイン	175
メニュー123	◎ダウンスクリーン	176
メニュー124	◎バックスクリーン	177
メニュー125	◎フレアースクリーン	178

第8章　チームオフェンス　179

- 速攻における5人の役割　180
メニュー126	◎オールコートの2対1	182
メニュー127	◎スリーメン	183
メニュー128	◎スリーレーンプレイ	184
メニュー129	◎スリーメンウェーブからの2対1	185
メニュー130	◎ツーメンブレイク	186
メニュー131	◎クロスする動きを交えたツーメンブレイク	187
メニュー132	◎3対2のコンティニュイティ（継続）	188
メニュー133	◎オールコートの3対3	188
メニュー134	◎3対2から3対3	189
- チームオフェンスの基本　190
メニュー135	◎パス&カット	192
メニュー136	◎パス&カットからのバックカット	193
メニュー137	◎パス&スクリーン	194
メニュー138	◎5人で行うパス&スクリーン	194
メニュー139	◎UCLAカット	195
メニュー140	◎バックドアプレイ	196

第9章　チームディフェンス　197

- チームディフェンスの考え方　198

メニュー141	◎ヘルプ&リカバリー	200
メニュー142	◎フィル&シンク	201
メニュー143	◎ボールサイドカットに対するバンプ	202
メニュー144	◎カットアウェイに対するクッション	203
メニュー145	◎スクリーンに対するディフェンス	204
メニュー146	◎ファイトオーバー	205
メニュー147	◎ショウ&リカバリー	206
メニュー148	◎トラップ	207
メニュー149	◎4対4	208
メニュー150	◎トランジションディフェンス	208
メニュー151	◎2-3ゾーンディフェンス	209
メニュー152	◎3-2ゾーンディフェンス	209
メニュー153	◎ゾーンプレス	210

第10章　基礎体力UP　　211

●体力トレーニングの考え方		212
メニュー154	◎太モモの裏側のストレッチ①	214
メニュー155	◎太モモの裏側のストレッチ②	214
メニュー156	◎臀部のストレッチ①	215
メニュー157	◎臀部のストレッチ②	215
メニュー158	◎臀部のストレッチ③	216
メニュー159	◎太モモの前面のストレッチ	216
メニュー160	◎太モモの内側のストレッチ	217
メニュー161	◎ふくらはぎのストレッチ	217
メニュー162	◎ランジウォーク	218
メニュー163	◎四股ウォーク	218
メニュー164	◎パワースキップ	219
メニュー165	◎バックキック	219
メニュー166	◎ヒップローテーション	220
メニュー167	◎カリオカ	220
メニュー168	◎レッグスイング（フロント）	221
メニュー169	◎レッグスイング（サイド）	221
メニュー170	◎ハイニー	222

CONTENTS

メニュー171 ○スラローム ……………………………………………… 222
メニュー172 ○バックラン〜ダッシュ ………………………………… 223
メニュー173 ○20mアジリティ ………………………………………… 223
メニュー174 ○ペイントアジリティ …………………………………… 224
メニュー175 ○ステップ50 ……………………………………………… 224
メニュー176 ○スクワット ……………………………………………… 225
メニュー177 ○ブリッジ ………………………………………………… 225
メニュー178 ○プッシュアップ ………………………………………… 226
メニュー179 ○ペアローイング ………………………………………… 226
メニュー180 ○体幹スタビリティ(フォーポイント) ………………… 227
メニュー181 ○体幹スタビリティ(サイド) …………………………… 227
メニュー182 ○体幹スタビリティ(片脚ブリッジ) …………………… 228
メニュー183 ○シットアップ …………………………………………… 228
メニュー184 ○ツイスティング・シットアップ ……………………… 229
メニュー185 ○トゥータッチ …………………………………………… 229
メニュー186 ○ペルビックレイズ ……………………………………… 230
メニュー187 ○レッグサイクル ………………………………………… 230
メニュー188 ○シットアップ・オーバーヘッドスロー ……………… 231
メニュー189 ○シットアップ・チェストスロー ……………………… 231
メニュー190 ○バランス・ワンハンドキャッチ&スロー …………… 232
メニュー191 ○ロッキー・プッシュアップ …………………………… 232
メニュー192 ○バックアーチ …………………………………………… 233
メニュー193 ○アーム&レッグ・エクステンション ………………… 233
メニュー194 ○縄跳び …………………………………………………… 234
メニュー195 ○タックジャンプ ………………………………………… 234
メニュー196 ○バウンディング ………………………………………… 235
メニュー197 ○サイドキック …………………………………………… 235
メニュー198 ○ペースランニング ……………………………………… 236
メニュー199 ○インターミッテント2.25往復 ………………………… 236
メニュー200 ○インターミッテント1+1.5往復 ……………………… 237
メニュー201 ○インターミッテント1.75往復 ………………………… 237

<Message by Shuji ONO>
● 指導者の方へ ……………………………………………… 238

本書の見方、使い方

本書をご覧いただく前にお読みください。どの練習も、まずはゆっくり正確にすることが大切です。ゆっくり正確にできるようになったら、試合を想定してスピードアップしていきましょう。

●本書の構成

各章はおもに下の2つの要素のページにわかれています。

技術解説

その章で身につけたい、基本的な技術や理論を紹介しています。どのような目的で行われるプレイか、どのような動きをするのかを、理解しておきましょう。なお、基本的に写真内の矢印は、人の動きを表すものは実線、ボールの動きを表すものは点線で示されています。

練習メニュー

試合で必要になるテクニックを覚えるための練習メニューです。写真や図で動きをわかりやすく紹介しています。紹介したとおりに行うだけではなく、動き出しの位置をかえたり、参加人数を増やすなどして、自分のチームにあったものにアレンジしてもよいでしょう。

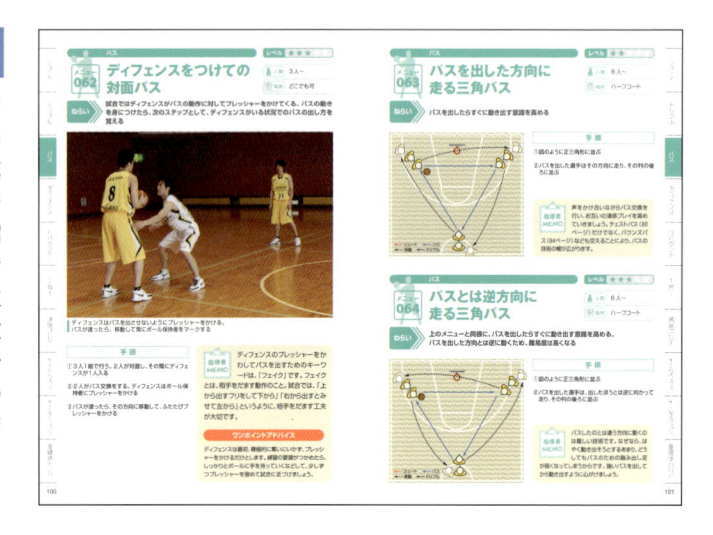

各項目でお伝えしたいことをまとめています。はじめて本書をご覧いただく時に、お読みください。

●練習メニューページの見方

各メニューを手順やビジュアルを用いて、わかりやすく説明しています。

レベル
メニューの難易度を5段階で表示しています（星が多いほど難易度は高くなります）。

人数
メニューを行うために、最低限必要な人数の目安です。

場所
メニューを行うために、最低限必要なスペースの目安です。オールコートなどの用語については、18ページをご参照ください。

ねらい
この練習のおもな目的を解説しています。

写真やイラストと手順
このメニューのやり方をテキストと写真、イラストなどで紹介しています。写真、イラストともにそのメニューで主体となるのは黄色のユニフォームの選手です（たとえば、オフェンスの練習では、黄色の選手がオフェンスになります）。全体の流れは「手順」を、動きのイメージをつくるには、「写真」や「イラスト」をご覧ください。

指導者メモ・ワンポイントアドバイス
指導者メモはこのメニューの補足説明や注意すべき点を、ワンポイントアドバイスはこのメニューを行う際のプラスαとなるような要素をまとめています。

アレンジ・NG
アレンジはそこから発展したバリエーションを、NGはやってはいけないことを紹介しています。

簡易インデックス
練習メニューの検索にご利用ください。

017

Column About the Basketball

用語解説①
コートに関わる言葉

バスケットボールでは、コート内のエリアを以下のように表現します。各メニューの右上の「場所」については、こちらを参考にしてください。

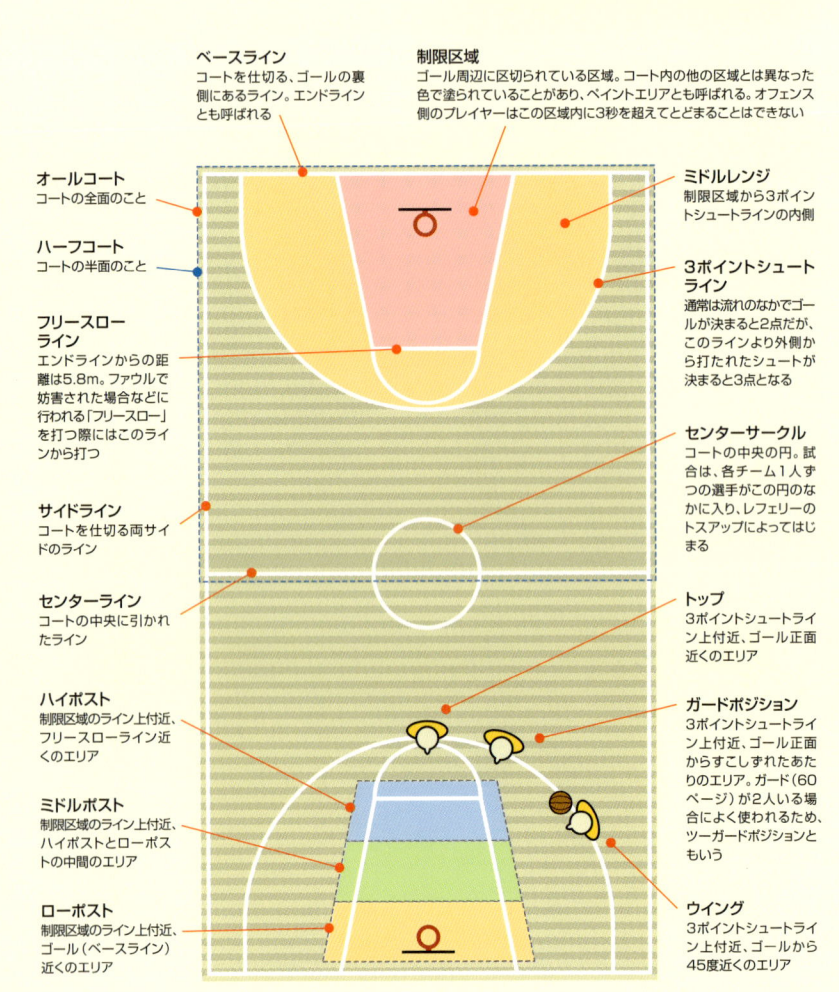

ベースライン
コートを仕切る、ゴールの裏側にあるライン。エンドラインとも呼ばれる

制限区域
ゴール周辺に区切られている区域。コート内の他の区域とは異なった色で塗られていることがあり、ペイントエリアとも呼ばれる。オフェンス側のプレイヤーはこの区域内に3秒を超えてとどまることはできない

オールコート
コートの全面のこと

ハーフコート
コートの半面のこと

ミドルレンジ
制限区域から3ポイントシュートラインの内側

3ポイントシュートライン
通常は流れのなかでゴールが決まると2点だが、このラインより外側から打たれたシュートが決まると3点となる

フリースローライン
エンドラインからの距離が5.8m。ファウルで妨害された場合などに行われる「フリースロー」を打つ際にはこのラインから打つ

センターサークル
コートの中央の円。試合は、各チーム1人ずつの選手がこの円のなかに入り、レフェリーのトスアップによってはじまる

サイドライン
コートを仕切る両サイドのライン

センターライン
コートの中央に引かれたライン

トップ
3ポイントシュートライン上付近、ゴール正面近くのエリア

ハイポスト
制限区域のライン上付近、フリースローライン近くのエリア

ガードポジション
3ポイントシュートライン上付近、ゴール正面からすこしずれたあたりのエリア。ガード(60ページ)が2人いる場合によく使われるため、ツーガードポジションともいう

ミドルポスト
制限区域のライン上付近、ハイポストとローポストの中間のエリア

ローポスト
制限区域のライン上付近、ゴール(ベースライン)近くのエリア

ウイング
3ポイントシュートライン上付近、ゴールから45度近くのエリア

序章
練習メニューの組み立て方
Practice Drills

練習メニューを組み立てるのは、
指導者の重要な役割の1つです。
自分のチームに必要とされている要素を見極め、
レベルに合わせたメニューで練習を組み立てましょう。

練習メニューの組み立て方①

練習の基本的な考え方と指導者に

POINT 1 試合のどの場面に必要なのかをしっかりと認識すること

練習を行う際に、もっとも大切なことの1つが、試合を意識するということです。ただ漫然と長い時間、練習をこなすだけでは効率はアップしないものです。

ただし、ひたすら試合に近いかたちの練習を多くしたほうがよいというわけでもありません。練習が試合で活かされるように、試合のどのような場面に必要となりそうな練習であるかをしっかりと認識し、理解することがポイントです。

バスケットボールはネットをはさんで行われる競技と違い、相手との接触があるスポーツです。そうした競技性ゆえ、試合中にまったく同じシーンが繰り返されるということはほとんどありません。それゆえに指導者には、選手たちが類似したシーンに対応できる引き出しを用意させておくことが求められます。

POINT 2 役割を果たせるようになりつつ、基本練習も欠かさない

選手にはそれぞれ、チーム内での役割があるもの。そして、与えられた仕事をしっかりとできるように、選手は自分のポジションに必要な技術を磨く練習をしておく必要があります。

一方、ポジションに特化した練習ばかりでは、プレイの幅は広がっていかないのも事実。かつては、背が高い選手はゴールに近い位置でのプレイをしているだけでもよかったものですが、現在はゴールから遠い位置でプレイする技術や脚力も求められるようになってきました。

難しいようですが、要はバランスなのです。ポジションに特化した練習を行いつつ、ほかのポジションにも必要な基本技術を養うこと。指導者には、そのための工夫が求められます。

求められるもの

POINT 3 選手が前向きに取り組めるようなスタンスで

　選手に対してどのようなスタンスで指導するかは、人によっていろいろな考え方があります。とはいえ、「ああしろ」「こうしろ」と、選手の動きを制限したり、指導者の考えを強要することはあまりおすすめできません。むしろ、「これだけはしてはいけない」「あとは自分で考えて判断するように」というスタンスで、練習や試合に前向きに取り組ませるように心掛けてみてはいかがでしょうか。そうすることで選手は自ら目的意識を持ち、それがよりはやい上達へとつながります。

　また、もう1つ大切なこととして、選手に「成功体験をさせる」ということも挙げられます。誰もが何かに成功すると喜びを感じます。選手が壁にぶつかっているようであれば、もっと簡単な課題を与え、それができたらしっかりと褒めてあげる。それが選手のモチベーションを上げ、もとの壁をのりこえることへともつながります。

POINT 4 目的を明確にして、それに応じた練習を

　アスリートの指標としてよく使われる言葉に、「心技体」があります。バスケットボールでも、選手1人ひとりについていえば、精神的な強さ、技術的なうまさ、そして体力面においても充実させていくことが大事です。そのなかで注意しなくはならないことが、その練習が心技体のうち、どれを高める練習であるかを明確にするということです。同じ練習でも時間設定などにより、その目的が大きくかわってしまう場合があります。

　たとえばシュートの場合、シュートフォームを身につけようとしている段階で、シュートに持ち込むすばやさを求めてしまうと、安定したシュートフォームが身につくどころか、すばやいだけの雑なフォームになってしまうかもしれません。正確なシュートフォームを身につける段階ならば、1本1本に時間をかける。そして、フォームが身についたらスピードアップし、さらに試合状況に即した練習へと発展させていく。そのように練習の目的を明確にし、練習の方法を工夫していくことが指導者には求められます。

練習メニューの組み立て方②

メニューの組み立て方

> **POINT** メニューは試合を想定しながら、チームレベルに合わせて組み立てる

練習には大きくわけて、個々の力を高めるものと、チーム力を高めるものがあります。各選手は、まず、シュート、ドリブル、そしてパスといった基本プレイを身につけることが欠かせません。そして、それを今度はチームプレイとして発揮できるように練習を積んでいきます。

そうした個人練習、チーム練習に共通していえることとして、まずは相手をつけずに行いながら、基本のポイントを抑えることからはじめるとよいでしょう。次に相手が入るものの、必要以上に積極的には関わらないようなかたちで、その技術の習得を進めていきます。そして、最後に相手も試合さながらに対応し、試合で使えるようにするという順序を踏むのが基本的な考え方となります。

また、オフェンスの基本技術を備える一方で、ディフェンス練習にも目を向けなければいけません。ディフェンスもオフェンスと同様に、相手がいない状態で基本姿勢を覚え、相手をつけて実戦に近づけていくことが大切です。

前ページで述べたように、練習は試合のどの場面で必要になるものかを想定して行われるべきものです。たとえ個人練習でもそれを意識して、バランスをとりながら、チームのレベルに合わせて練習メニューを組み立てましょう。

オフェンス or ディフェンス

●オフェンス練習
自チームが得点をとるための練習。

●ディフェンス練習
相手チームの得点を防ぐための練習。

個人 or チーム

●個人練習
シュート、ドリブル、パスといった個人技術を磨く練習。個人技術を正確に行えないと、チームに貢献できない。

●チーム練習
チーム全体でのオフェンス、味方と協力してのディフェンスなど、チーム力を高める練習。個人技術の練習と同時進行で行いたい。

相手の有無

●相手をつけない練習
そのテクニックの導入段階として、動き方などを身につけるためなどに行う。

●相手をつけた練習
相手をつけない練習などの次のステップとして行う。相手は必要以上に関わらない。

●実戦形式の練習
試合と同様にオフェンス、ディフェンス、双方ともに全力で行う。

Case 1 : 基本技術の習得がおもな目的

※以下のものはあくまでも例です。実際はチームのレベルや環境に合わせて組み立ててください。

テーマ	目的	時間	具体的メニュー	一口メモ
ウォーミングアップ	ケガの予防のため、ランニングやストレッチを行いながら身体を温める。基礎体力を高めることも兼ねる	約20分	ランニング／約5分	
			屈伸や手首まわしなど簡単なものも含めたストレッチ各種／約5分	メニューNo.154〜175（214〜224ページ）を参考にする
			ダッシュ等／約10分	メニューNo.198〜201（236〜237ページ）を参考にする
ディフェンス個人練習ステップ	各種ステップを行い、ディフェンスの基礎的な技術を身につける	約10分	ショルダーステップ メニュー073（110ページ）	ウォーミングアップの意味合いも兼ねる
			クロスステップ メニュー074（111ページ）	
			ボールチェック メニュー076（113ページ）	
オフェンス個人練習ドリブル	基本的なドリブルの仕方を身につける	約10分	フロントチェンジ メニュー046（78ページ）	具体的な技術を身につけるための前段階として、メニュー026〜041（64〜71ページ）のボールハンドリングを行うのもよい
			インサイドアウト メニュー047（79ページ）	
			オールコートの1対1 メニュー054（86ページ）	
オフェンス個人練習パス	基本的なパスの仕方やパスを出す前後の動きを身につける	約10分	パスを出した方向に走る対面パス メニュー058（97ページ）	正確なパスを出せないようであれば、もっともベーシックなその場での対面パスを行うのもよい
			後ろに走って戻ってくる対面パス メニュー059（97ページ）	
			パスを出した方向に走る三角パス メニュー063（101ページ）	
オフェンス個人練習シュート	基本的なシュートの打ち方を身につける	約10分	左からパスを受けてシュート メニュー016（48ページ）	シュートフォームが固まっていないようであれば、メニュー001〜006（32〜35ページ）のような、個人でできる初歩的なメニューに取り組んでもよい
			右からパスを受けてシュート メニュー017（48ページ）	
			ミートシュート メニュー011（39ページ）	
ディフェンス個人練習	オフェンスに対してのディフェンスの仕方を覚える	約15分	ルーズボールからの1対1 メニュー080（117ページ）	ボール保持者へのディフェンスから、パスを通させないディフェンスへと発展していく
			オフェンスの動きに対するディナイ メニュー084（122ページ）	
			ボールの位置に合わせたポストディナイ メニュー085（123ページ）	
オフェンスチーム練習パス&シュート	チームメイトと協力して、より試合に近いかたちの基本的なオフェンスのかたちを覚える	約15分	ツーメンパッシング メニュー070（105ページ）	オールコートで行うため、持久力UPにもつながる
			スリーメンパッシング メニュー071（105ページ）	
			スリーメン メニュー127（183ページ）	
オフェンスチーム練習	オフェンスが数的有利のなかで得点する方法を身につける	約10分	3対2から3対3 メニュー134（189ページ）	技術的・体力的に難しいようであれば、ハーフコートの3対2などでもよい
チーム内での練習試合	実際の試合を通して、身につけたテクニックを活かす。同時に、指導者はチームの課題を見つける	約20分	通常の試合と同じ5対5 1試合5分×4セット	チームの状況にあわせて、メンバーのふりわけを考える
クールダウン	翌日以降に疲れを残さないために行う	約10分	ジョギング／約5分	
			屈伸や手首まわしなど簡単なものも含めたストレッチ各種／約5分	メニューNo.154〜175（214〜224ページ）を参考にする

☐=相手をつけない練習　☐=相手をつけた練習　☐=実戦形式の練習

Case2：チームプレイをより充実させたい

※以下のものはあくまでも例です。実際はチームのレベルや環境に合わせて組み立ててください。

テーマ	目的	時間	具体的メニュー	一口メモ
ウォーミングアップ	ケガの予防のため、ランニングやストレッチを行いながら身体を温める。基礎体力を高めることも兼ねる	約20分	ランニング／約5分	
			屈伸や手首まわしなど簡単なものも含めたストレッチ各種／約5分	メニューNo.154～175（214～224ページ）を参考にする
			ダッシュ等／約10分	メニューNo.198～201（236～237ページ）を参考にする
ディフェンス個人練習ステップ	各種ステップを確実に身につける	約10分	ショルダーステップ メニュー073（110ページ）	ウォーミングアップの意味合いも兼ねる
			クロスステップ メニュー074（111ページ）	
			ラングライドラン メニュー075（112ページ）	
オフェンスチーム練習パス	基本的なパスの仕方やパスを出す前後の動きを身につける	約10分	フォーコーナーパッシング メニュー066（103ページ）	パスを出したら動く習慣を徹底したい
			フォーコーナーパッシング（クローズアウト）メニュー067（103ページ）	
			ミシガンパッシング メニュー065（102ページ）	
オフェンス個人練習ドリブル＆シュート	ゴール付近でのドリブルからのシュートを確実に決められるようにする	約10分	ジグザグドリブルからシュート メニュー052（84ページ）	コーンを使う練習は、置き方をかえるだけでも、別のバリエーションになる
			45度のコーンを抜いてシュート メニュー053（85ページ）	
			1対2 メニュー055（87ページ）	
オフェンスチーム練習	オフェンスが数的有利のなかで得点する方法を身につける	約10分	3対2から3対3 メニュー134（189ページ）	総合的な能力を養う練習でもある
			フリースロー メニュー005（34ページ）	決めた選手から休憩に入るようにすると、緊張した状態で取り組める
オフェンスチーム練習	チームメイトと協力して、ゴールに結びつける動きを覚える	約20分	ボールサイドカット メニュー107（158ページ）	2人でのオフェンスパターンの習得やチーム全体での守り方の確認など、その日のテーマを明確にして、反復して行う
			ブラインドカット メニュー108（159ページ）	
			パス＆カット メニュー135（192ページ）	
			パス＆カットからのバックカット メニュー136（193ページ）	
			パス＆スクリーン メニュー137（194ページ）	
ディフェンスチーム練習	チーム全体で守る動き方を完全に身につける	約10分	ヘルプ＆リカバリー メニュー141（200ページ）	
			フィル＆シンク メニュー142（201ページ）	
ディフェンスチーム練習	より試合に近いかたちで、ディフェンス感を養う	約10分	4対4 メニュー149（208ページ）	オフェンスの練習にもなる
チーム内での練習試合	実際の試合を通して、身につけたテクニックを活かすようになる。同時に、指導者はチームの課題を見つける	約20分	通常の試合と同じ5対5 1試合7分×3セット	チームの状況にあわせて、メンバーのふりわけを考える
クールダウン	翌日以降に疲れを残さないために行う	約10分	ジョギング／約5分	
			屈伸や手首まわしなど簡単なものも含めたストレッチ各種／約5分	メニューNo.154～175（214～224ページ）を参考にする

□＝相手をつけない練習　□＝相手をつけた練習　■＝実戦形式の練習

第1章
シュート
Shoot

バスケットボールは得点の機会が多いスポーツ。
シュートを打つことが多く、
その正確性が勝敗を大きく左右します。
試合で決められるように、しっかり練習しましょう。

シュートの基礎技術

技術解説 バスケットボール・ポジション

顔
いつでも状況を確認できるように、しっかりとフェイスアップする（顔を上げる）

重心
両足のほぼ中心に重心をのせ、すぐに動き出せるようにしておく

スタンス
狭すぎず、広すぎず、肩幅を目安に両足のスタンスをとる

技術解説 腰を落として顔を上げる

　ボールを使った練習をはじめる前に、まずは、すべてのプレイの基本となるバスケットボール・ポジション（基本姿勢）を身につけましょう。試合中、ボールがあるときには一生懸命頑張るのに、ボールがないときには棒立ちになっている選手がとても多いように感じます。そういう習慣をつけてしまうと、大事なところで「1歩目」の動き出しが遅れてしまい、相手に先手をとられてしまいます。顔を上げて、足を肩幅ぐらいに開き、すばやい対応ができるように、いつでもバスケットボール・ポジションをとることを心がけましょう。

▶▶▶ バスケットボール・ポジションのポイント

POINT 1

ヒザを軽く曲げて、ほどよく前傾姿勢をとる。背筋が丸まったり、伸びきるのはNG

背筋
背筋が丸まったり、伸びきるのはNG

両腕
いつボールがきてもキャッチできるように、自然な角度で両ヒジを曲げておく

ヒザ
すぐに動き出せるように両ヒザは軽く曲げておく

解説 ヒザをつま先から出ない程度に曲げる

この姿勢は、攻撃のときだけではなく、ディフェンスの基本姿勢(108ページ)にもつながる、とても大切な基本の1つです。

すぐに動き出せるように重心を落とすことがベースとなりますが、その際にヒザを必要以上に曲げないように気をつけましょう。目安としては、ヒザがつま先より極端に出ないようにします。股関節が硬いとこの姿勢をうまくとりにくいため、ストレッチなどを通じて、股関節の可動域を広げておきましょう。

また、背筋が丸まったり、伸びきっているのはNG。そうならないように、腹筋を使って姿勢をキープするように心がけます。

STEP BY STEP
Basketball

ボール保持時のバスケットボール・ポジション
ボールは胸のあたりで持つ

ボールを持っているときでも、バスケットボール・ポジションのポイントは同じです。

すぐに動き出せるように、両足の中心に重心をのせて腰を落とし、軽くヒザを曲げます。顔を上げることも忘れてはいけません。なお、ボールはすぐにシュートやパスへと移行できるように、胸のあたりで持つのが基本となります。

シュートの基礎技術

技術解説 セットシュート

スタンス
右足を前にして（右利きの場合）、肩幅程度に開く

ボールの位置
片手にボールをのせて、ボールを目の上、おでこあたりに持ってくる

POINT 1 肩幅程度に足を開き、ヒザを軽く曲げて重心を落とす

POINT 2 そのままの姿勢を維持して、ボールを上へと持ってくる

技術解説 大切なのは自分のシュートフォームをつくること

　フロアに両足をつけた状態から放つシュートをセットシュートといいます。フリースローのときをはじめ、ディフェンスにマークされていないときによく使われるシュートです。試合でシュートを決めるうえで大切なのは、自分のシュートフォームをつくること。何度も練習して同じリズムで打てるようになりましょう。

　なお、セットシュートには、両手で打つ「チェストシュート（P58）」という打ち方もあります。

| POINT 3 | 上へと全身を連動させながら、片手でボールに力を伝える |
| POINT 4 | そのままの流れでボールを離す。シュート後もしばらくは姿勢を保つ |

ヒジ
シュートを打つほうの手のヒジが、ボールの下にくるようにする

手首
バックスピンをかけるように、しっかりとスナップをきかせる

STEP BY STEP Basketball

フリースローを決めるために

あわてずに自分のタイミングで打つ

　セットシュートを使う機会の代表的なものとして、フリースローがあります。フリースローは唯一、ディフェンスがいない状態でシュートを打てる機会。あわてず確実に決めることが求められます。
　そのためには、シュートを打つ前にリラックスしておくことも重要なポイントとなります。軽くボールをつくなどしたあとに、まずはきちんと下半身を安定させるところから体勢を整えるとよいでしょう。

シュートの基礎技術

技術解説 ジャンプシュート

体勢
ジャンプするために、軽くヒザを曲げて重心を落とす

ジャンプの方向
真上に向かってジャンプする。基本はもとの位置に着地すること

POINT 1 まずはセットシュートのようにヒザを曲げて重心を落とす

POINT 2 上半身はそのままの姿勢で、真上にジャンプする

技術解説 ジャンプの頂点でボールを離す

　セットシュート（28ページ）と同じようなフォームで、ジャンプしながら打つシュートをジャンプシュートと呼びます。基本はジャンプの頂点でボールを離すこと。高い打点から放たれるのでディフェンスに邪魔されにくいというメリットがあり、試合でもとてもよく使われます。

　ただし、空中でのプレイなだけにボディバランスが不安定になりやすいという一面があるので要注意。自分の目の前にディフェンスがいることを想定して、練習を繰り返しましょう。

指先
シュートは指先の感覚が重要。ボールは指先から離すイメージでシュートを打つ

手首
バックスピンをかけるように、しっかりとスナップをきかせる

POINT 3 ジャンプが頂点に達したところでボールを離す

POINT 4 手首のスナップをきかせる。着地はジャンプをはじめた位置に

STEP BY STEP
Basketball

ジャンプシュートのポイント
真上にジャンプしてもとの位置に着地する

　ジャンプシュートのジャンプは、まっすぐ上に跳んで、もとの位置に着地することが基本です。上達してくると、ディフェンスから遠ざかるように後ろに下がりながら、もしくは横に移動しながらというジャンプシュートも決められるようになってきますが、それはあくまでも応用のテクニック。きちんと真上にジャンプしてからのシュートが決められるようになる前に、そのようなシュートを続けると、逆に悪いクセがついてしまうこともあるので気をつけましょう。

シュート

メニュー 001 真上に向かってシュート

レベル ★☆☆☆☆
人数 1人～
場所 どこでも可

ねらい シュートの基本は、ボールの軌道を安定させるためにバックスピンをかけること。ゴールに向かってシュートを打つ前段階として、真上に投げてバックスピンをかける感覚を身につける

手順

① 自分の頭上に向かってシュートを打つ

② 落下してきたボールをキャッチし、ふたたびシュートを打つ

指導者MEMO まずはバスケットボールの縫い目に対して垂直に指を置き、バックスピンをかけるように意識すること。そしてボールを離すときにはフォロースルーをしっかりと残します。

メニュー 002 仰向けになってシュート

レベル ★☆☆☆☆
人数 1人～
場所 どこでも可

ねらい 上のメニューと同様に、バックスピンをかけるための手首の使い方を覚えるための練習。腕だけで行うため、より手首の動きに集中できる

手順

① 仰向けになり、真上に向かってシュートを打つ

② 落下してきたボールをキャッチし、ふたたびシュートを打つ

指導者MEMO ボールが手元に戻ってこない場合には、ボールがまっすぐに飛んでいない証拠です。まっすぐにボールが飛ぶように真上に投げるように心がけましょう。

シュート

メニュー 003 ゴール下シューティング

レベル ★★

人数　1人〜
場所　ゴール下

ねらい　いちばんシュートを決めやすい、ゴール下の近くでセットシュート（28ページ）を打つ。安定したフォームを身につけ、確実にシュートを決められるようになるためのもっともベーシックなメニューの1つ

手順

① ゴール下でボールを持つ

② セットシュートをていねいに決める

指導者MEMO　バックボードにボールを当てて決めるのではなく、リングにぶつからないように、アーチ（弧）を描く軌道で、リングの中心を狙うことが大切です。

シュート

メニュー 004 ミドルシューティング

レベル ★★★

人数　1人〜
場所　ミドルレンジ

ねらい　シュートフォームを固めながら、シュートの距離を広げていく

手順

① まずはゴール下付近でシュートを打ち、そのシュートの成功率を高める

② ゴール下付近のシュートが入るようになったら、左の写真のように1歩下がり、少しずつゴールまでの距離を広げていく

指導者MEMO　自分にとって安定したシュートフォームで決められる距離からのシュート練習をていねいに行うこと。あわてず、少しずつ距離を伸ばしていきましょう。

033

メニュー 005	シュート

フリースロー

レベル ★★★☆☆
人数 1人
場所 フリースローライン

> **ねらい** 自分のリズムをつくったり、緊張感に慣れて、フリースローの精度を高める

手順

① フリースローラインでボールを持つ

② フリースローを確実に決める

試合でも必要になるフリースローの練習。リングを見て、自分のタイミングで打つ

リングをよく見て、自分のリズムでシュートを打つ

指導者MEMO 気持ちが落ちつくように、自分のリズムをつくりましょう。ボールを何度かついてから打つ。またはリングをよく見て打つなど、一定のリズムで打つことがポイントです。

ワンポイントアドバイス

試合と同じような緊張感を練習でも感じることが大切です。そのために、フリースローをはずしたら、コートをダッシュするなどのペナルティを設けるのも1つの方法です。

シュート

メニュー 006 ジャンピングシュート

レベル ★★
人数 1人〜
場所 ミドルレンジ

ねらい
ジャンプシュート（30ページ）を身につけるための第1歩。
ジャンプの頂点でボールを離すタイミングをつかむ

手順

① ゴール下付近でリングを正面に、ボールを持って構える

② その場で何度かジャンプしてからシュートを打つ

ボールを持ってその場で何度かジャンプ

ジャンプの感じをつかんだら、よいリズムでシュートを打つ

アレンジ
ゴール下付近から決められるようになったら、フォームが崩れない範囲でじょじょに距離を伸ばしていきましょう。

指導者MEMO
自分にとってバランスのとれたスタンス（両足の開き）をしっかり確認しましょう。下半身を安定させることによって、ボールがまっすぐに飛ぶようになります。

ワンポイントアドバイス
リングに正対することを意識すること。正対するとは、リングから直線を引いたときに自分の体がその線に対して垂直になっていることを意味します。

シュート編

メニュー 007 ストライドストップ

レベル ★★★☆☆
人数 2人～
場所 どこでも可

ねらい より実際の試合に近いシュート練習。
動きながら空中でパスを受け、片足から着地してシュートに移行する

動きながら、
空中でパスをもらう

片方の足(写真は左足)を
着地させる

手順

① 慣れるまではゴールに近い位置で行う。まずはパスを出してもらい、動きながらキャッチする

② 左右両足どちらかを先について、シュートに移行する

一方の足(写真は右足)を
着地させてシュート体勢に入る

そのままの流れで
シュートを打つ

指導者MEMO シュート前の動きとして欠かせないのは、シュート時の体勢が崩れないようにしっかりと「止まる」ことです。また、ボールを受けてからはボールを下へと下げないこともポイントになります。

ワンポイントアドバイス

右足→左足という順に着地するのと、左足→右足という順に着地する、両方を使いわけることが重要です。どちらかにかたよると、ディフェンスにクセを読まれてしまうので注意しましょう。

シュート

メニュー 008 ジャンプストップ

レベル ★★★
人数 2人〜
場所 どこでも可

ねらい 左ページのスライドストップが片足から着地するのに対して、両足で同時に着地してからシュートに移行する。両足で着地した際、身体が前に流れないようにしっかりと止まるように注意する

手順

① 慣れるまではゴールに近い位置で行う。まずはパスを出してもらい、動きながらキャッチする

② 両足を同時について、シュートに移行する

動きながら、空中でパスをもらう

両足同時に着地する

着地したらシュート体勢に入る

そのままの流れでシュートを打つ

指導者MEMO

ストライドストップは、走ってきた自然の流れでボールを受けられるというメリットがある一方、最初に着地した足が必然的に軸足となり、フロアから離せなくなります。それに対してジャンプストップは、ストライドステップよりもジャンプという動きが必要になりますが、両足を同時に着地させるため、どちらの足も軸足として選べます。状況に応じて使いわけられるように、しっかりと練習しましょう。

メニュー 009 シュート

セルフミートシュート

レベル ★★☆☆☆
人数 1人〜
場所 ミドルレンジ

ねらい チームメイトがいなくても、1人でできるシュート練習。シュート前のキャッチから実際に打つまでの動作を確認する

手順

① 慣れるまではゴールに近い位置で行う。まずは、自分でボールをフロアに弾ませる

② そのボールにミートして（動いて受けて）、シュートを打つ

- ボールにバックスピンをかけて軽く上に投げ、フロアに弾ませる
- 前に動いて、ボールを拾いにいく 
- ボールを拾って、ストップする 
- そのままの流れで、シュートを打つ 

指導者MEMO
ボールにバックスピンをかけて弾ませると、手もとにボールが戻ってきてボールをとりやすくなります。目の前にディフェンスがいることをイメージしてシュートを打ちましょう。

ワンポイントアドバイス

シュートは選手個々の練習でもレベルアップできる技術です。1人でもできるメニューを豊富に伝え、選手が自主的にシュート練習を行えるような環境をつくっておくのが理想です。

メニュー 010 シュート

リバウンド&シュート

レベル ★★★
人数 2人〜
場所 ハーフコート

ねらい 正面からのパスを受けて
シュートにつなげる

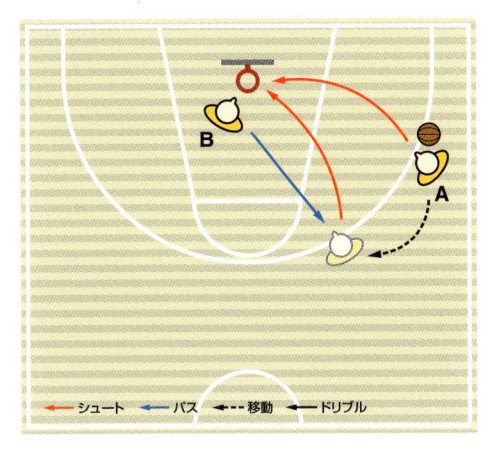

手順

①Aがシュートを打つ

②Bがそのシュートのこぼれ球を拾う

③その間にAは次のシュートを打つポジションに移動しておく

④AはBからのパスを受けて、ふたたびシュートを打つ

→ シュート　→ パス　←-- 移動　← ドリブル

指導者MEMO
シュートを打つ選手に、強いパスを出すことを心掛けることにより、試合に近いシュート練習になります。時間や本数を決めて、集中して行いましょう。

メニュー 011 シュート

ミートシュート

レベル ★★★
人数 5人〜
場所 ハーフコート

ねらい 横からパスを受けて
シュートにつなげる

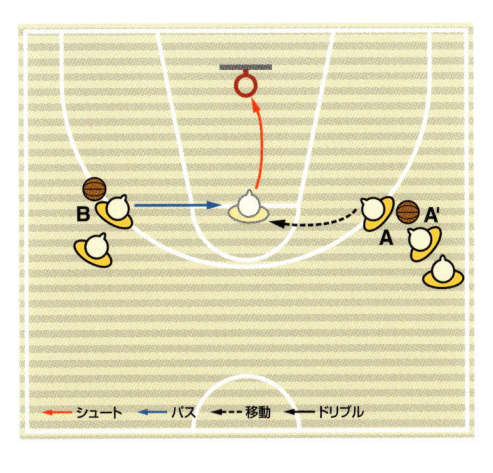

手順

①Aがフリースローラインのあたりに動く

②それに合わせてBが横からパスを出す

③Aがそのパスを受けてシュートを打つ。その後、ボールを拾いにいき、反対側(Bの列)に並ぶ

④次にBがフリースローラインのあたりに動いて、A'からパスを受けてシュートを打つ。これを連続して行う

→ シュート　→ パス　←-- 移動　← ドリブル

指導者MEMO
パスを受けたらしっかりと止まること。そしてリングに正対する意識を強く持ってシュート練習を繰り返しましょう。

メニュー 012 シュート

Vカット

レベル ★★☆☆☆
人数 2人～
場所 ハーフコート

ねらい Vの字の動きでシュートチャンスをつくる

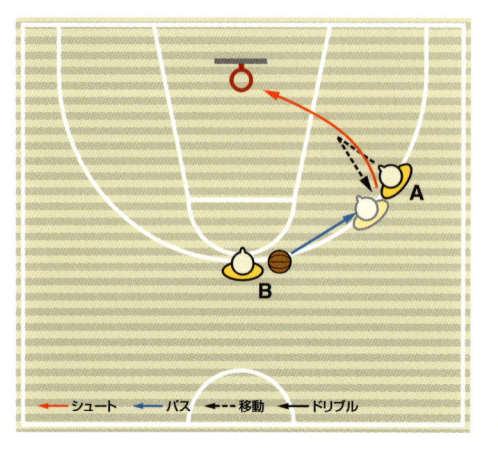

手順

① Bがトップでボールを持つ

② Aはウイングから動き出し、ディフェンスがいることをイメージし、図のようにVの字を描いて動く

③ BはAにパスを出す

④ AはBからのパスを受けて、ウイングからシュートを打つ

← シュート　← パス　←--- 移動　← ドリブル

指導者MEMO
ディフェンスがいることをイメージし、相手を一度インサイドに押し込んでから、アウトサイドでパスを受けるシュート練習です。押し込むときはゆっくりと、アウトサイドに出てくるときは走るスピードをアップさせてシュートに持ち込みます。

メニュー 013 シュート

フレアーカット

レベル ★★★☆☆
人数 2人～
場所 ハーフコート

ねらい パッサーから離れる動きでシュートチャンスをつくる

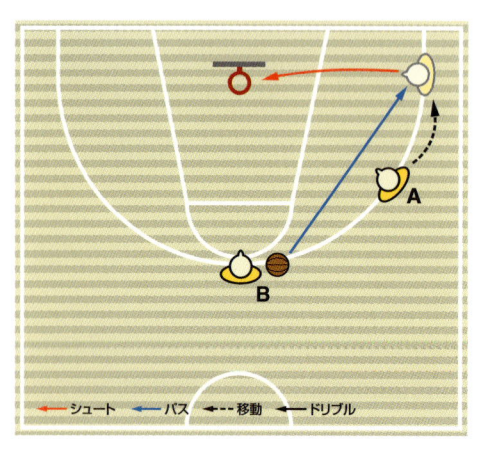

手順

① Bがトップでボールを持つ

② Aはウイングから動き出し、ディフェンスがいることをイメージし、パッサーから離れる動きをする

③ BはAにパスを出す

④ AはBからのパスを受けて、コーナーからシュートを打つ

← シュート　← パス　←--- 移動　← ドリブル

指導者MEMO
パスの出し手から遠ざかる動きをすると、当然パスの距離が長くなります。そのため、タイミングよくボールが渡るように、パスの出し手と受け手の呼吸を合わせることが重要です。基本的にはシュートの練習ですが、出し手のパスの正確さも求められます。

シュート

メニュー 014 Lカット

レベル ★★
人数 2人～
場所 ハーフコート

ねらい Lの字の動きでシュートチャンスをつくる

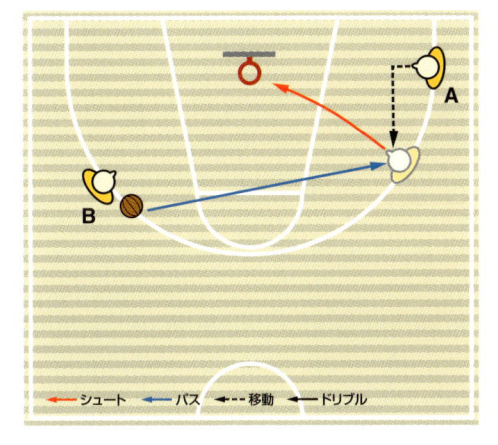

手順

① Bがウイングでボールを持つ

② Aはコーナー付近から動き出し、ディフェンスがいることをイメージし、図のようにLの字を描いて動く

③ BはAにパスを出す

④ AはBからのパスを受けて、ウイングからシュートを打つ

指導者MEMO
ディフェンスを振りきるうえで鍵を握るのは、左ページのVカットのような鋭角な動きや、このLカットのように直角に近い動きの精度をいかに高めるかです。動く方向をかえる瞬間、フロアを蹴るようなイメージで行いましょう。

シュート

メニュー 015 カールカット

レベル ★★
人数 2人～
場所 ハーフコート

ねらい カールする動きでシュートチャンスをつくる

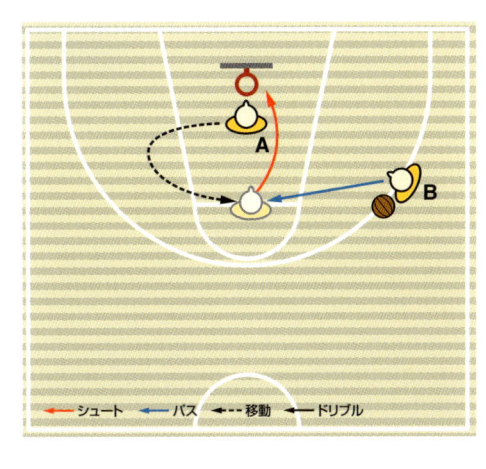

手順

① Bがウイングでボールを持つ

② Aはゴール下から動き出す

③ Aはディフェンスがいることをイメージし、図のようにカールする（巻き込む）ような動きをする

④ AはBからのパスを受けて、ミドルレンジからシュートを狙う

指導者MEMO
パスを受ける前の動きとして大事なことは、走るスピードの変化をつけながら鋭角な動きをすることです。それに加えて曲線を描き、カールする（巻き込む）ような動き方も覚えておきましょう。これはスクリーンプレイにおいてよく使われる動きの1つです。

シュートの基礎技術

技術解説 レイアップシュート

両手
ボールが手から離れてしまわないように、しっかりとキープする

2歩目の踏み込み
より高く跳ぶために2歩目はよりしっかりと踏み込み

POINT 1 移動してきた勢いをそのままに まずは1歩目のステップ

POINT 2 続いて2歩目。より高く跳ぶために力強く踏みこむ

技術解説 そっと置くようなイメージでボールを離す

ゴールに向かってステップを踏みながら決めるランニングシュートのなかで、もっとも確実性の高いのがレイアップシュートです。「1」「2」のリズムで強く踏みきり、ボールをリングにそっと置くようなイメージでボールを離します。ポイントはディフェンスにブロックされないように、できるだけ高い位置でボールを離すこと。
　フリーのレイアップシュートを決められないようでは、試合で勝つことはなかなかできません。確実に決められることを目指しましょう。

リリース
ジャンプの頂点でボールを離す。バックボードを使うのが基本

引き上げる足
高くジャンプできるように、モモをできるだけ上へと引き上げる

POINT 3 リングから目を離さないようにしながら、ボールを高く引き上げる

POINT 4 ジャンプの頂点で、そっと置くようにボールを離す

STEP BY STEP
Basketball

レイアップシュートを決めるために
バックボードを上手に使う

　レイアップシュートを決めるためには、バックボードを上手に使うことがポイントになります。基本は、バックボードに記されている白線、およびその枠内を目安にボールを当てるようにすること。自分の感覚をつかむまで、繰り返し練習しましょう。

　また、ゴールの正面や横からレイアップシュートを打つ際には、バックボードにボールを当てずに決めるテクニックも必要となります。その場合はリングの中央をボールが通過するようにします。

043

シュートの基礎技術

技術解説 アップシュート

両手
ボールが手から離れてしまわないように、しっかりとキープする

POINT 1 移動してきた勢いをそのままにまずは1歩目のステップ

ボールの位置
2歩目のステップとともに、すばやくボールを上へと引き上げてくる

POINT 2 2歩目を力強く踏み込み、すばやくボールを引き上げる

技術解説 早めにボールを高い位置に持ってくる

　自分より身長の高い選手の前でレイアップシュート（42ページ）を無理に打とうとすると、相手にブロックされてしまうことがあります。下のほうからボールを持ち上げてくる際に、ディフェンスに狙われてしまうのです。

　そこでボールを早めに高い位置に持ってきて、高い打点でシュートを打つテクニックが求められます。それを「アップシュート」といいます。ゴール下へと走りながら近づき、ジャンプシュートのように手首のスナップをきかせて打ちます。

空中での姿勢
ジャンプシュートと同じ要領で、片手にボールをのせてシュート体勢に入る

手首
バックスピンをかけるように、しっかりと手首のスナップをきかせる。

POINT 3 ボールを片手にのせて、バランスを保ちながらシュート体勢に入る

POINT 4 ジャンプの頂点でシュートを打つ。バックボードを利用するのが基本

STEP BY STEP　Basketball

アップシュートを決めるために
打点を高くしてシュートを打つ

　自分より身長の高い相手のブロックをかわすには、このアップシュートのように、打点を高くすることが効果的です。加えて、ボールに大きな弧を描かせてリリースするような、相手のブロックをかわすテクニックもあります。これを「ハイループシュート」といいます。
　ディフェンスの読めないタイミングで、アップシュートやハイループシュートを繰り出すことで、身長の高い相手のブロックをかわすことが可能となるわけです。

技術解説 バックシュート ①

POINT 1 ボールをしっかりキープしながら、1歩目を踏み込む

POINT 2 力強く2歩目を踏み込み、ボールを引き上げる

POINT 3 リングを通過してから、ボールをそっと置くように離す

技術解説 リングを通過してからシュート

　シュートを打つ際には、ゴールを正面にすることが基本です。しかし試合の状況によっては、ゴールが背後にある場合でもシュートを決めなければなりません。そうしたときに、有効に使えるのがバックシュートです。

　試合でもっともよく使用されるのが、ベースラインに沿ってドリブルをし、一度リングを通過してから打つかたち。打ち方の基本的なポイントは、一度リングを通過してからボールを離すという以外は、レイアップシュート（42ページ）と同じです。ジャンプの頂点で、そっと置くようにボールを離します。

STEP BY STEP Basketball

バックシュートを決めるために
状況に応じた打ち方をする

　レイアップシュートは試合でもよく使われるテクニックですので、当然ディフェンスもそれをブロックしにきます。そんなディフェンスのタイミングをはずし、シュートを決めるのに役立つのがこのバックシュートです。理想は、ジャンプの頂点でボールを離すことですので、シュート体勢に入る前からディフェンスの状況をよく確認しておく意識が大切になります。練習でもさまざまシチュエーションを想定して、状況に応じたシュートを使いわけられることを目指しましょう。

シュートの基礎技術

技術解説 バックシュート②

POINT 1 ボールをしっかりキープしながら、1歩目を踏み込む

POINT 2 力強く2歩目を踏み込み、ボールを引き上げる

シュートを持つ手
通常とは逆の手でシュートを打つ

POINT 3 リングを通過してから、ていねいにボールを離す

技術解説 リングを通過してからシュート

これは左ページで紹介したバックシュートの別バージョン。「1」「2」のタイミングで大きくステップを踏み、一度リングを通過したあと、ジャンプの頂点でボールをそっと置くように離すのは、左ページのバックシュートと同じです。ただし、逆の手でシュートを打ちます。体勢を崩しにくいというメリットがある一方、利き手とは逆の手で打つことになるため、難易度が高くなります。できれば利き手同様に、手首を柔らかく使えるようになるのが理想です。

STEP BY STEP Basketball
バックシュートを決めるために
理想は両手を使えるようになること

レイアップシュートやバックシュートのように、走り込んで打つシュートは確実に決めたいものです。そのためにはできるだけディフェンスにブロックされないように気をつけなければいけません。
そこで必要となるのが、左右どちらの手でも同じようにシュートを打てるようになること。なぜなら、どちらの手でも打てるようになると、状況に応じて手を使いわけることによってボールを離す位置をかえることができ、よりディフェンスが対応しにくくなるからです。ゴールに近い位置のシュートはどちらの手でも打てることを目指しましょう。

メニュー 016 シュート
左からパスを受けてシュート

レベル ★★☆☆☆
人数 2人〜
場所 ハーフコート

ねらい 左からのパスを受けてランニングシュートに持ち込む

手順
① Bはトップでボールを持つ

② Aはセンターライン付近から動き出す

③ AはウイングでBからのパス受け、できるだけ少ないドリブルでシュートに持ち込む

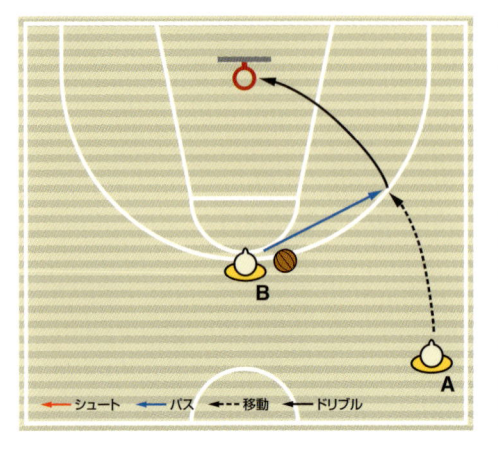

← シュート　← パス　←-- 移動　← ドリブル

指導者MEMO
普段の練習だけでなく、試合前にも行っておきたい基本練習です。ゴールに向かって走り込む、確実にパスを受ける、そしてレイアップシュートと、ウォーミングアップで確認しておくべき要素が詰まっています。少しずつスピードアップして行いましょう。

メニュー 017 シュート
右からパスを受けてシュート

レベル ★★☆☆☆
人数 2人〜
場所 ハーフコート

ねらい 右からのパスを受けてランニングシュートに持ち込む

手順
① Bはコーナーでボールを持つ

② Aはセンターライン付近から動き出す

③ AはウイングでBからのパス受け、できるだけ少ないドリブルでシュートに持ち込む

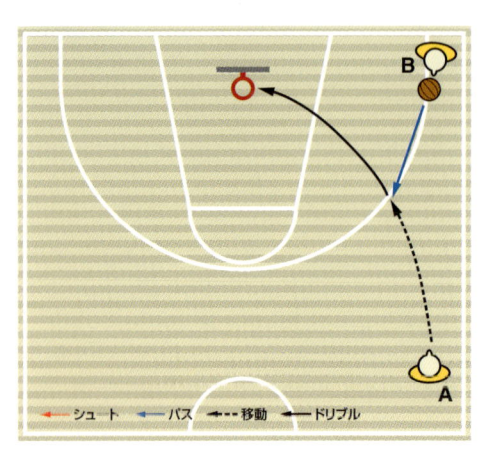

← シュート　← パス　←-- 移動　← ドリブル

指導者MEMO
ほかの練習にもいえることですが、左からのパスを受けての練習をしたら、原則として右からのパスも行うこと。理由は、パスを受ける瞬間の構えやステップの踏み方がかわってくるからです。そして一方のサイドで行ったら、必ず逆サイドでも行うようにしましょう。

メニュー 018 シュート

正面から
ドリブルシュート

レベル ★★★☆☆
人数 1人～
場所 ハーフコート

ねらい バックボードを使わずに正面からのレイアップシュートを決める

手順

① トップでボールを持つ

② ゴールに向かってドリブルで進み、レイアップシュートを決める

指導者MEMO
斜めの角度からレイアップシュートを決める際には、バックボードにボールを当てることが基本です。しかし、正面からの場合では、バックボードを使おうとすると、ボールの勢いが強くなって、はずれてしまうもの。そこでフワリとボールを浮かせ、リングにもぶつからないようなシュートを打ちます。

メニュー 019 シュート

コーナーから
ドリブルシュート

レベル ★★★☆☆
人数 1人～
場所 ハーフコート

ねらい バックボードを使わずにコーナーからのレイアップシュートを決める

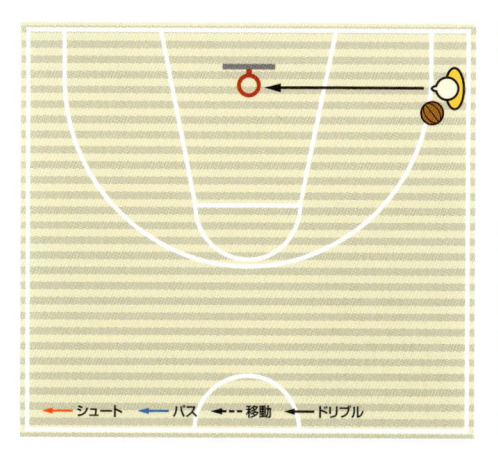

手順

① コーナーでボールを持つ

② ゴールに向かってドリブルで進み、レイアップシュートを決める

指導者MEMO
コーナーからゴールに向かってドリブルで進むと、バックボードに並行してドリブルする格好になるため、シュートを決めようとしてもバックボードを使いにくい場合がよくあります。このようなケースでも、フワリとボールを浮かせ、リングにぶつからないようなシュートが有効です。

← シュート　← パス　←-- 移動　← ドリブル

シュートの基礎技術

技術解説 シールからのターンシュート

POINT 1
ディフェンス（白）に身体を寄せて、ボールを呼び込む

パスの受け方
ディフェンスにしっかりシールして（くっついて）、パスを確実に受ける

POINT 2
パスを受けたら、肩ごしにディフェンスを確認する

受けたあとの動き
パスを受けたら肩ごしにディフェンスを確認する

技術解説 しっかりとターンしてからシュート

　ゴールに近い位置からのシュートは決まる確率が高いだけに、ディフェンスも厳しいマークで対応してきます。それだけに、コンタクト（接触）プレイに負けず、相手にしっかりとシールして（くっついて）、よいポジションをとらなければいけません。

　シールからパスを受けたら、肩ごしにディフェンスを確認します。そして、そのままシュートに持ち込めるようであれば顔を向けたほうの足を後ろに引いてターンし、それができないようであれば上の写真のようにすばやく逆方向にターンして、シュートに持ち込みます。

POINT 3
顔を向けたほうにターンできないようであれば逆の方向へとターンする

ターン
状況によっては、マークをはずすために逆方向にターン。軸足は動かさないこと

軸足

POINT 4
相手のマークが離れたら、ジャンプシュートを打つ

シュート体勢
シュートは基本通りのジャンプシュート。決めるためには相手を確実にかわしておく

STEP BY STEP Basketball

ポストプレイとは？
状況に応じて、ときにはパスを

　制限区域のライン上付近でゴールを背にしてパスを受けるプレイは、「ポストプレイ」とも呼ばれています。そのなかでもゴールに近いエリアはローポスト、フリースローライン付近でのポストプレイは、ハイポストといわれています。ポストプレイからシュートに持ち込むのが理想ですが、強引にシュートを打つのが必ずしも正解とは限りません。ときにはポストプレイからパスをまわすことによって攻撃がスムーズに展開される場合もあるので、きちんと状況を見極めましょう。

051

技術解説 シールからのフックシュート

シュートの基礎技術

POINT 1

ディフェンス（白）に身体を寄せて、ボールを呼び込む

パスの受け方
ディフェンスにしっかりシールして（くっついて）、確実にパスを受ける

POINT 2

パスを受けたら、肩ごしにディフェンスを確認する

受けたあとの動き
パスを受けたら肩ごしにディフェンスを確認する

技術解説 身長の高い相手にはフックシュート

　ゴールの近くでシュートを打つ際に、ディフェンスにブロックされないためには、ボールを相手から遠ざけるプレイが効果的です。それを可能にするものの1つが「フックシュート」。パスを受けてディフェンスを確認するまでの動きは「シールからのターンシュート」（50ページ）と同じですが、そこからボールをついてディフェンスに対して半身の体勢をとり、片手でシュートを打ちます。シュートのポイントは、ヒジをしっかり伸ばして、手首のスナップを使うこと。とくに背が高い選手を相手にする場合に有効です。

POINT 3

ドリブル
両足の中央に低く強いボールをつく

顔を向けたほうからシュートを狙うか、難しければ写真のように逆にターンし、ボールをつく

軸足

POINT 4

シュートを打つ手
ゴール下のフックシュートは、ヒジを伸ばして手首のスナップを使うのが基本

相手に対して半身になり、遠いほうの手でシュートを打つ

STEP BY STEP Basketball

フックシュートの種類
ステップを踏みながら打つパターンも

　フックシュートには、ゴール下で真上へとジャンプするプレイのほかに、大きくステップを踏みながらシュートに持ち込む「ランニングフックシュート」というプレイもあります。ディフェンスから離れてシュートを打てるように大きくステップを踏むのですが、その分、体が流れやすくシュートが決まりにくくなります。まずは、真上にジャンプするフックシュートを身につけ、その次のステップとしてランニングフックシュートに挑戦しましょう。

053

メニュー 020 シュート

ゴール下から正対して連続シュート

レベル ★★☆☆☆
人数 1人〜
場所 ゴール下

ねらい いちばんの目的は、近距離からのシュートを確実に決められるようになること。連続して行うことで、すばやい動作も身につく

手順

① ゴール下からシュートを打つ

② 落ちてきたボールをキャッチし、すぐにまたシュートを打つ。これを繰り返す

指導者MEMO シュートの本数や時間を決めて、集中して行いましょう。練習で決めることができても、試合では簡単なシュートがはずれてしまうことがよくあります。ですから、試合でも確実に決められるように、練習で1本1本のシュートを大事にしてください。

メニュー 021 シュート

ゴール下からバックシュート

レベル ★★★☆☆
人数 1人〜
場所 ゴール下

ねらい すばやい動作で、近距離からのバックシュートを確実に決める

手順

① ゴール下からバックシュートを打つ

② 落ちてきたボールをキャッチし、すぐにまたバックシュートを打つ。これを繰り返す

指導者MEMO 左右どちらの手も使えるようになることが大切です。また、連続してバックシュートを打ち続ける練習のほかに、ゴール下からの通常のジャンプシュートと交互に決めていく方法もあります。

メニュー 022 シュート

ゴール下からフックシュート

レベル ★★★
人数 1人〜
場所 ゴール下

ねらい すばやい動作で、近距離からのフックシュートを確実に決める

手順

① ゴール下からフックシュートを打つ

② ボールをキャッチ。その後すぐにフックシュートを打つ。これを繰り返す

指導者MEMO 連続してフックシュートを打ち続ける練習のほかに、通常のゴール下からのジャンプシュートやバックシュートと交互に決めていく方法もあります。左右どちらの手も使えるようになることが大切です。

メニュー 023 シュート

はずれたらすばやくリバウンドボール

レベル ★★
人数 1人〜
場所 ミドルレンジ

ねらい 実際の試合では、シュートを打った選手が自らリバウンドをとりにいく姿勢が大切。普段の練習からそれを行うことによって、自然と身体が動くようになる

手順

① いろいろな角度、距離からジャンプシュートを打つ

② シュートがはずれたと思ったら、すぐにリバウンドをとりにいく。これを繰り返す

指導者MEMO シュートを打ったあと、「はずれた」と思ったら自らリバウンドをとりにいく姿勢は重要ですが、あまりに急ぎすぎるのは禁物です。リバウンドを意識するあまり、シュート自体が雑にならないように気をつけましょう。

シュート

メニュー 024 ボールを拾ってシュート

レベル ★★☆☆☆
人数 4人〜
場所 ゴール下

ねらい
腰が高いと相手とのコンタクト（接触）プレイに負けてしまうため、実際の試合では低い姿勢が求められる。その低い姿勢を意識づけるとともに、そこから一気にゴールへと向かう爆発力も養う

- ゴールの真下からスタートし、ゴールの左右に置いたボールを拾いにいく
- 拾ったら、すぐに体勢を整えて、ゴール下からシュート 
- シュートを打ったら、すぐに逆側のボールを拾いにいく 
- ボールを拾う。その後、すぐにゴール下からシュートを打つ 

手順

① ゴール下の左右にボールを1つずつ置く

② シュートを打つ選手は、ボールを拾ってジャンプシュート

③ 打ち終わったらすぐに逆側のボールへと駆け寄り、それを拾ってシュートを打つ

④ その間に、ほかの選手はボールを元の位置に置いておく

指導者MEMO
シュートテクニックと並行してフィジカルも鍛えられるメニューなだけに、体力も要求されます。たとえば、10本決まるまでというように回数を設定し、集中して行うとよいでしょう。また、リズムが崩れないように、まわりの選手やコーチはボールをすぐにセットするように心がけましょう。

NG
ゴール下を任される身長の高い選手ほど、腰高となる傾向が見られます。とくに疲れてくると、低い姿勢を維持することが難しくなるもの。そうなると相手との接触プレイで負けてしまうので注意しましょう。

シュート

メニュー 025 ボールを拾ってパワードリブル

レベル ★★

人数 4人〜
場所 ゴール下

ねらい コンタクトプレイに負けないように低い姿勢を意識づけ、そこからドリブルをしてシュートへとつなぐテクニックを身につける

- ゴールの真下からスタートし、ボールを拾いにいく
- 拾ったら、すぐに開いた両足の中央でボールをつく 
- 体勢を整えて、ゴール下からシュートを打つ 
- シュート後、すぐに逆側のボールを拾いにいく 

手順

① ゴール下の左右にボールをひとつずつ置き、シュート打つ選手はボールを拾いにいく

② ボールを拾ったら、ボールを一度つく

③ 体勢を整えて、シュートを打つ

④ シュート後、すぐに逆側のボールを拾いにいく

⑤ その間に、ほかの選手はボールを元の位置に置いておく

指導者MEMO

両手で持っているボールを力強く一度つくドリブルのテクニックは「パワードリブル」と呼ばれています。ポイントは開いた両足の中央でボールをつくこと。片手のドリブルを使うにしても、最小限のドリブルでシュートへと持ち込みましょう。

アレンジ

一度シュートを打つ素振りを見せてから、ゴール方向にステップ（イン）してシュートに持ち込むなどのパターンもあります。ステップの踏み方や、シュートの種類を上手に組み合わせながら、パターンを増やしましょう。

技術解説 チェストシュート

シュートの基礎技術

構え
肩幅を目安に足を開き、胸のあたりで両手でボールをしっかりと持つ

動き
胸のあたりで構えた位置から、両手でボールを引き上げていく。まっすぐ上げるのが基本であり、斜めに引き上げると、シュートの軌道も曲がってしまう

POINT 1 重心を落として、胸のあたりにボールを持って構える

POINT 2 そのまま両手でボールを引き上げていく

技術解説 しっかりバックスピンをかける

片手でボールをリリースするシュートは「ワンハンドシュート」と呼ばれているのに対して、両手でボールをリリースするシュートは「ツーハンドシュート」、または胸(チェスト)でボールを構えることから「チェストシュート」と呼ばれています。

両手からの力をボールに伝えられるだけに、力が弱い選手でもボールをリングに届かせられるというメリットがあります。片方の手にかたよることなく、力を両手で均等に伝えて、しっかりバックスピンをかけるように打ちます。

リリース
ボールを離すタイミングは、額の真上あたりが目安

手首
バックスピンをかけるように、しっかりとスナップをきかせる

POINT 3 リングから目を離さないようにして、そのままボールをリリースする

POINT 4 シュート後もしばらくはフォロースルーを残す

STEP BY STEP
Basketball

チェストシュートを決めるために
しっかりと重心を落として構える

　チェストシュートは胸のあたりでボールをセットするのが基本ですが、ワンハンドシュートにくらべて位置が低いため、ディフェンスにブロックされやすいという一面があります。そこで、おでこあたりというようにボールをできるだけ高く引き上げて、シュートの打点を高くするという方法もあります。基本を身につけたら、試合を想定して、打点の高いチェストシュートにもチャレンジしてみましょう。

Column About the Basketball

用語解説②
ポジションに関わる言葉

バスケットボールは、1チーム5人で戦うスポーツ。攻防における役割に応じて、それぞれポジションがあります。野球などのように固定されているわけではないので、状況に応じた動きをする必要がありますが、バスケットボールというスポーツをより深く理解するために、まずはその役割を知りましょう。

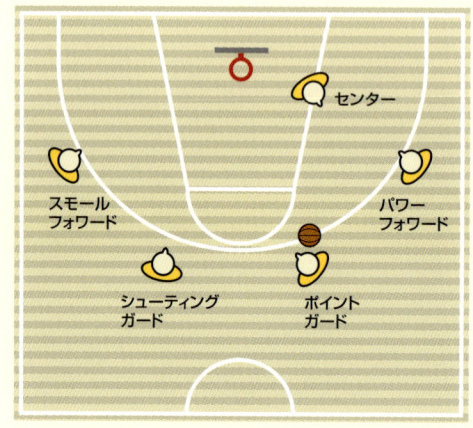

●フォーアウト・ワンインの場合
アウトサイドでのボールまわしが行いやすく、バランスよく攻められる

●スリーアウト・ツーインの場合
背が高い選手が2人以上いる場合によく用いられ、インサイドの攻撃を展開しやすい

●ポイントガード（PG）
　1番と呼ばれることもある。ボールを運び、オフェンスを組み立てる司令塔的な役割を担うポジション。ほかのポジション以上に、ドリブルやパスといった基本技術はもちろんのこと、まわりをよく見る広い視野や状況判断力が求められる。

●シューティングガード（SG）
　2番と呼ばれることもある。おもにアウトサイドからのシュートやゴール下に走り込んでのシュートのように、得点に絡むプレイが要求されるポジション。とくに遠い距離からのシュートを決めることができる選手が担うことが多い。

●スモールフォワード（SF）
　3番と呼ばれることもある。シューティングガードと同様に、アウトサイドからのシュートやゴール下に走り込んでのシュートなどが要求されるポジション。シューティングガードよりもややインサイドでのプレイが多く必要とされ、万能型の選手が担うことが多い。

●パワーフォワード（PF）
　4番と呼ばれることもある。インサイドでの得点、リバウンドなどが要求されるポジション。ジャンプ力などの運動能力や身体的な強さが求められる。センターがプレイしやすいようなポジションをとるうまさも必要。

●センター（C）
　5番と呼ばれることもある。ゴール付近でのプレイをメインとし、インサイドにおけるオフェンスの中心的な役割を担うポジション。チームでもっとも背が高い選手が担うことが多い。ゴール下でのシュート力に加え、リバウンド能力が不可欠である。

第2章
ドリブル
Dribble

ドリブルは局面を打開するための大きな武器。
いろいろなテクニックがあります。
ボールを手で扱う感覚を身につけ、
状況に応じたドリブルができるようになりましょう。

ドリブルの基礎技術

技術解説 ボールハンドリング

視線
視線は前に向けて、視野を広く保つ

ボールの動かし方
手首と指先で軽く押し出しながら、左手へとボールを渡す

テンポ
左手で受けたら、すぐに右手へとボールを渡す。テンポよく行うこと

技術解説 ボールを扱うテクニックには欠かせない要素

「ボールハンドリング」とは、ボールを手になじませて、意図したとおりにボールを動かすこと。ドリブルをはじめ、シュートやパスなど、ボールを扱うテクニックがうまくなるためには欠かせない要素の1つです。本章で紹介するメニューには、試合ではあまり使わないようなボールの動かし方も含まれていますが、上の写真のような右手から左手へとボールを投げて受け渡すボールハンドリングにはじまり、いろいろなパターンを練習することで、ボールを手で扱う感覚が身につきます。

▶▶▶ ボールハンドリングのポイント①

POINT 1
しっかりとキープできるように指を開いてボールを持つ

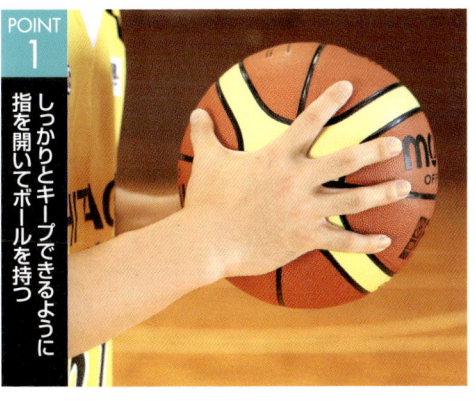

解説 指を開いて持つ

ボールを扱う際には、指を開いてボールを持つことが基本。その理由は、そうすることによってボールをコントロールしやすくなり、ボールをしっかりとキープできるようになるからです。逆に指を閉じて持っていると、安定感を欠き、試合ではほかの選手に軽くぶつかっただけでボールを落としてしまうということにもなりかねません。

▶▶▶ ボールハンドリングのポイント②

POINT 2
座っているときにも練習はできる

解説 いろいろな体勢でもできるように

ボールハンドリングは、遊び的な要素も強い練習です。立ってできるようになったら、座ってみるのもよいでしょう。何より大切なのは、ボールに触る時間を長くすることです。座って休んでいるときも練習はできるのです。

▶▶▶ ボールハンドリングのポイント③

POINT 3
ボールハンドリング中は下を向くのはNG

解説 下を向くのはNG

常にまわりを見て、視野を広く保てるのは、よい選手の条件の1つ。ボールハンドリング中でも、顔を上げて、ボールではなく、まわりの様子を見ながら行えるのがベストです。とくに好ましくないのが、顔を下げた状態で行うこと。普段の練習から気をつけましょう。

063

メニュー 026 ボールハンドリング
腰のあたりでボールをまわす

レベル ★☆☆☆☆
人数 1人～
場所 どこでも可

ねらい ドリブルをはじめとする、ボールを手で扱う感覚を身につける

手順
① 体の正面でボールを持つ
② 腰のあたりでボールをまわす

指導者MEMO ボールを見ないで、正面を見て行うこと。少しずつスピードアップして行いましょう。一定回数行ったら、逆回転も練習します。

メニュー 027 ボールハンドリング
顔のあたりでボールをまわす

レベル ★☆☆☆☆
人数 1人～
場所 どこでも可

ねらい 上のメニューからのステップアップで、同様にボールを手で扱う感覚を養う。ボールをスムーズに動かすのがポイント

手順
① 顔の前でボールを持つ
② 顔のあたりでボールをまわす

指導者MEMO 上のメニューに対してボールをまわす位置をかえたものですが、このようにちょっとした変化を与えるだけでも、選手を飽きさせないことにつながります。ほかのメニューでも、自分なりの工夫をしてバリエーションを増やしていきましょう。

ボールハンドリング

メニュー 028

ボールをつまみ上げる

レベル	★
人数	1人〜
場所	どこでも可

ねらい ボールコントロールのための指の力をつける

手順

① ボールを5本の指の上にのせる

② 指の力でつまみ上げる

指導者MEMO
ドリブルをはじめ、シュートやパスといった技術は、いずれも手のひらにボールをつけないのが基本です。それだけに指先の力やコントロールが大切な要素となります。

ボールハンドリング

メニュー 029

ボールを引きつける

レベル	★
人数	1人〜
場所	どこでも可

ねらい 身体の中心から離れたところにあるボールを、すばやくひきつける。リバウンド時に相手に競り勝つ能力を養うことにも役立つ

手順

① ボールをできるだけ高く掲げる

② 胸元に引きつける

指導者MEMO
練習は目的意識を持って行うことが重要です。このメニューは、胸元にすばやく引きつけるためのものなので、できるだけはやい動作で行うこと。一定回数行ったら、逆の手でも練習します。

ボールハンドリング

メニュー 030 前後でボールをキャッチする

ねらい ボールを手で扱う感覚を養うとともに、俊敏性を高める

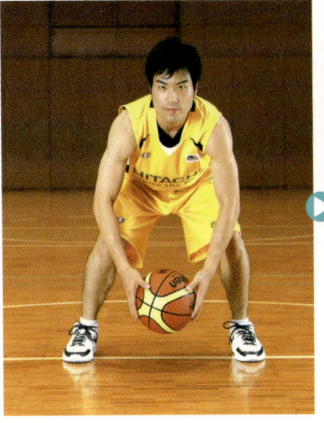

レベル ★★☆☆☆

- 人数 1人〜
- 場所 どこでも可

手順

① 両足の間でボールを持つ

② 手をボールから離して背後にまわし、ボールが地面に落ちる前につかむ

指導者MEMO
前から後ろに手をまわしてボールをつかんだら、今度は逆に後ろから前に手を持ってきてボールをつかみます。リズミカルに連続して行いましょう。

ボールハンドリング

メニュー 031 両足の間でボールを持ちかえる

ねらい 上のメニューと同様に、ボールを扱う感覚と俊敏性を高めることが目的。両手をクロスさせるため、より大きな動きが必要になる

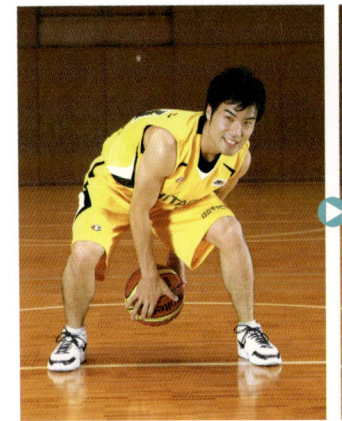

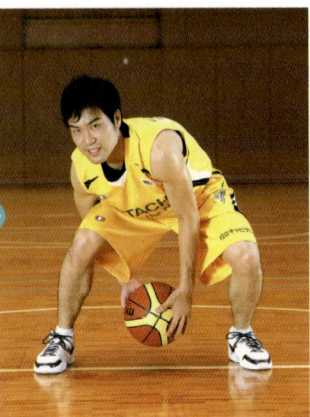

レベル ★★☆☆☆

- 人数 1人〜
- 場所 どこでも可

手順

① 両足の間で両手をクロスさせてボールを持つ

② 手をボールから離して、ボールが地面に落ちる前に両手を入れかえてつかむ

指導者MEMO
一度手から離れると、どうしてもボールを見たくなりますが、できるだけ正面を向いて行いましょう。

ボールハンドリング

メニュー 032

「8の字」にボールを動かす

ねらい ボールをすばやく動かすことによって、ボールをキープする能力を高める

レベル ★★

人数 1人〜

場所 どこでも可

手順

① 両足の間にボールを持ち、股下を通して、片側にボールを運ぶ

② 続けて8の字を描くように股下を通して、逆側へとボールを運ぶ

指導者MEMO 最初は足にボールが引っかかったりするかもしれませんが、できるだけ前を見て行うこと。失敗を恐れずスピードアップしていくことで、ボールのキープ力が高まります。

ボールハンドリング

メニュー 033

「8の字」にドリブルする

ねらい 低い姿勢でボールをつく感覚を身につける。細かいドリブルで、ドリブルのテクニックを磨く

レベル ★★★

人数 1人〜

場所 どこでも可

手順

① 細かくボールをつき、股下を通して、片側にボールを運ぶ

② 続けて細かいドリブルをしながら、8の字を描くように股下を通して、逆側へとボールを運ぶ

指導者MEMO 指先でボールをコントロールすることを意識しましょう。ボールが弾まず止まってしまったら、ボールを強く叩いて浮き上がらせ再開します。

メニュー 034 ボールハンドリング

前から両手でついて後ろでキャッチ

レベル ★☆☆☆☆
人数 1人〜
場所 どこでも可

ねらい ドリブルをはじめとするボールを扱う際の力の加減とコントロール能力を高める

手順

① 体の正面でボールを持ち、両足の中央にボールを弾ませる

② 両手を後ろにまわして、ボールをつかむ

指導者MEMO
ボールを後ろでつかめるように弾ませられるコントロール力、そして多少ボールがずれてもそれを察知して、しっかりとつかむ調整力が高まります。後ろでつかめるようになったら、ボールをもう一度弾ませて前でもつかめるようにします。

メニュー 035 パス編

前からボールを投げ上げて後ろでキャッチ

レベル ★★☆☆☆
人数 1人〜
場所 どこでも可

ねらい 上のメニューと同様に、遊び感覚で楽しみながらできる。ボールを扱う際の力の加減とコントロール能力を高める

手順

① 体の正面でボールを持ち、両手でボールを投げ上げる

② 両手を後ろにまわして、ボールをキャッチする

指導者MEMO
ボールを後ろでつかめるように浮かせられるコントロール力や、ボールがずれてもそれを察知できる調整力が高まります。できるようになったら、後ろでつかんだボールをもう一度浮かせて前でキャッチします。

ボールハンドリング

メニュー 036

前後に足を開いてボールをつく

ねらい 試合でも有効な、股下をとおしてボールを持ちかえる感覚を身につける

レベル ★★

人数 1人～

場所 どこでも可

手順

① 両足を前後に開き、その中央にボールを弾ませる

② 逆側でそのボールをとる

③ 続いて、そのまま中央にボールを弾ませて行き交わせる

指導者MEMO ボールをリズミカルに、かつ、すばやく動かせるようになることがポイント。目の前にディフェンスがいることをイメージしながら、行いましょう。

ボールハンドリング

メニュー 037

ヒザをついてボールを通す

ねらい 股関節の柔軟性を養いながら、ドリブルの感覚を身につける

レベル ★★

人数 1人～

場所 どこでも可

手順

① 両方の足を前後に開き、一方のヒザをつく

② 両足の間でボールを弾ませて行き交わせる

指導者MEMO バスケットボールでは股関節の柔軟性がとても大切です。そこでストレッチを兼ねて行うボールハンドリングも効果的です。ウォーミングアップにも最適な練習といえます。

ボールハンドリング

メニュー 038 両足を開いて座りボールをまわしていく

レベル ★★★☆☆☆
人数 1人〜
場所 どこでも可

ねらい ボールを手でコントロールする能力を養いながら、ストレッチを兼ねることで股関節まわりの柔軟性を高める

手順
① 両足を大きく開いて座る
② そのまわりでボールを転がして1周させる

大きく開脚して座り、ボールを転がして、身体のまわりを1周させる。1周させたら逆回転も行う

指導者MEMO 開脚して座ったままボールを転がしていくことができたら、ボールをつきながら身体のまわりを動かしてみましょう。ボールコントロール力と柔軟性がより必要となります。

ボールハンドリング

メニュー 039 両足を交互に上げながらボールをつく

レベル ★★★☆☆☆
人数 1人〜
場所 どこでも可

ねらい ボールを手でコントロールする能力を養いながら、とくにお腹まわりの筋力をUPする

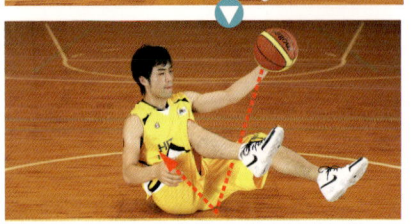

手順
① 両足を浮かして座る。片足を上げて、その下をバウンドさせ、ボールを移動させる
② 続いて、同様にもう一方の足を上げて、ボールを移動させる。これを繰り返す

指導者MEMO 腹筋も鍛えながら行えるボールハンドリングの練習です。単純な腹筋を鍛えるトレーニングだと前向きに取り組みにくいかもしれませんが、ボールを使うことで楽しく行えるようになります。

ボールハンドリング

メニュー 040 ボールを指でまわす

レベル ★★★
人数 1人〜
場所 どこでも可

ねらい 遊び感覚で楽しみながら、ボールを扱う感覚を高める

手順

① 指先にボールをのせて、回転させる

② ボールの回転が止まりそうになったら、逆の手でボールに勢いをつける

指導者MEMO
ボールハンドリングの練習には、試合では使われないようなテクニックも含まれています。しかし、ボールのいろいろな動かし方を覚えることが実戦的な練習を覚えるのにとても役立ちます。

ボールハンドリング

メニュー 041 ボールを手でまわす

レベル ★★★
人数 1人〜
場所 どこでも可

ねらい 上のメニューと同様に、遊び感覚で楽しみながらボールを扱う感覚を高めるのがおもな目的。ボールが手から離れないようにしながら、手首をつかってボールをまわす

手順

① まずは手のひらにボールをのせる

② 手首を内側へと返しながら、ボールを手から離れない程度に軽く浮かせる

③ そのままの流れで手首を回転させながら、指の外側と内側で触れて、ボールをまわしていく

指導者MEMO
上のメニューも同様ですが、ポイントは、ボールの中心をとらえることになります。

ドリブルの基礎技術

技術解説 ツーボールのボールハンドリング

顔
視線は前に向けて、視野を広く保つ

利き手ではないほうの手
どうしてもドリブルが弱くなりがちだが、利き手と同じ強さでつく

ボールのつき方
慣れるまでは左右同じタイミングでドリブルをする

技術解説 左右の手を均等に使えるように

ボールハンドリングを向上させるうえで大切なことは、左右両方の手を使えるようになること。とはいえ、どうしても利き手で練習しがちです。そこで、左右の手を均等に使えるようにしてくれるのが、2つのボールを1人で同時に扱う、ツーボールのボールハンドリングの練習です。当然難易度は高くなりますが、1つのボールでのボールハンドリングと同様に、ボールを見ないでもしっかりとコントロールできるようになることを目指しましょう。

▶▶▶ ツーボールのボールハンドリングのポイント①

POINT 1
前を見ながら腰を落とし、左右同時にボールをつく

解説 まずは同時にボールをつく

ツーボールのボールハンドリングのなかで、もっとも基本的なものの1つが、その場で左右同時にボールをつくこと。しっかりと腰を落として、視線を前に向け、テンポよく行います。

▶▶▶ ツーボールのボールハンドリングのポイント②

POINT 2
右が上なら、左が下というように交互にボールをつく

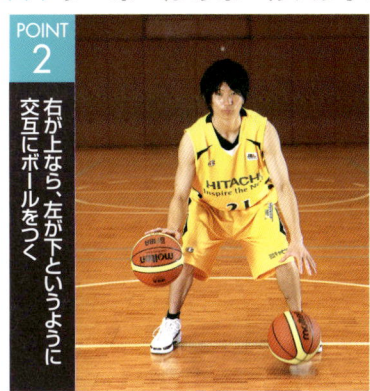

解説 交互にボールをつけるようになる

左右同時につくボールハンドリングができるようになったら、次のステップとして、交互にボールをつけるようになることを目指しましょう。基本的な姿勢は、同時につく場合と同じ。腰を落として視線は前、そこからドリブルの高さをそろえて、右手と左手でちょうど真逆のタイミングで行うようにします。

▶▶▶ ツーボールのボールハンドリングのポイント③

POINT 3
右が腰、左がヒザぐらいというように、左右の高さをかえてボールをつく

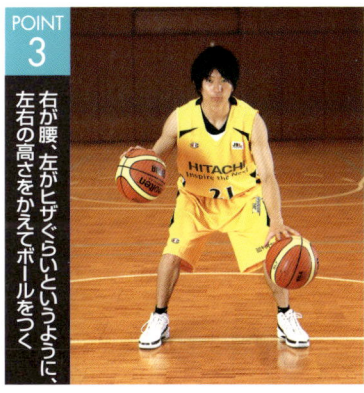

解説 左右で違う高さにも挑戦する

さらなる発展形として、左右で違う高さのドリブルにも挑戦してみましょう。やり方としては、基本的な姿勢から、右は腰ぐらい、左はヒザぐらいまでというように、高さをかえて2つのボールをつきます。もちろん、左右どちらの手でも同じようにドリブルできることが理想ですので、右手が高め、左手が低めのドリブルができるようになったら、逆に右手が低め、左手が高めでも行いましょう。

ボールハンドリング

メニュー 042 両手で同時につきながら前に進む

ねらい 2つのボールを同時に扱うことで、どちらの手でもドリブルできるようになる

レベル ★★☆☆☆

- 人数 1人〜
- 場所 どこでも可

手順

① 両手にボールを持ち、同時にフロアにつく

② ボールをつきながら前へと進む

指導者MEMO 2つのボールが同じ高さになるように注意してドリブルします。顔を上げ、できるだけボールを見ないで、少しずつスピードを上げていきましょう。

ボールハンドリング

メニュー 043 両手で交互につきながら前に進む

ねらい 上のメニューと同様、どちらの手でもドリブルできるようになるためのもの。交互につくことによって、難易度が高くなる

レベル ★★☆☆☆

- 人数 1人〜
- 場所 どこでも可

手順

① 両手にボールを持ち、交互にフロアにつく

② 交互にボールをつきながら前に進む

指導者MEMO 2つのボールを交互につき、一定のリズムで進むことを心がけます。左右どちらかの手のドリブルが弱かったりすると、リズムが乱れるので注意しましょう。

メニュー 044 ボールハンドリング

右手と左手で違うリズムでつきながら前に進む

レベル ★★★
人数 1人〜
場所 どこでも可

ねらい 左右の手で違うことを行うことによって、どちらの手もコントロール力が高まる

手順

① 両手にボールを持ち、一方は大きめにつき、もう一方を小さめにフロアにつく

② 左右で高さ（リズム）の違うドリブルをしながら、前へと進む

指導者MEMO 片方の手で大きくボールをつき、一方の手で小さくドリブルします。一定回数行ったら、左右の手を交代します。簡単そうに見えますが、左右の手で違うことを行うのは難しいものです。反復練習してスムーズに行えるようになってください。

片方の手は高く、もう一方の手は低くボールをつきながら、前へと進む

メニュー 045 ボールハンドリング

両手で同時につきながらターンする

レベル ★★★
人数 1人〜
場所 どこでも可

ねらい どちらの手でも同じようにドリブルできるようになるためのメニューのバリエーション。2つのボールを同時に扱いながら反転する。前に進むだけよりも当然難易度は高い

手順

① 両手でドリブルをする

② ドリブルを継続しながら反転する

指導者MEMO 2つのボールを同時に扱いながら反転し、方向転換をはかります。左右のボールがぶつからないように注意する必要があります。右から反転したら、次に左から反転しましょう。

ドリブルの基礎技術

技術解説 # ドリブルの基本姿勢

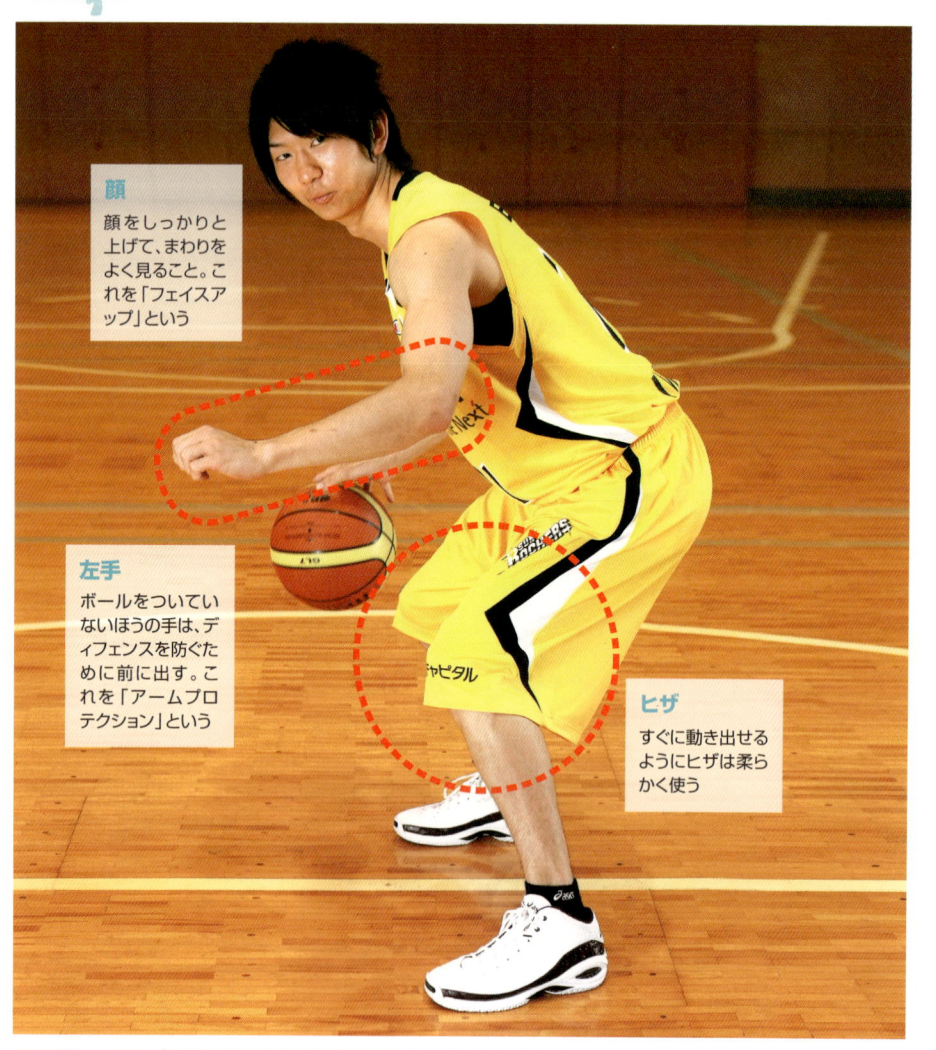

顔
顔をしっかりと上げて、まわりをよく見ること。これを「フェイスアップ」という

左手
ボールをついていないほうの手は、ディフェンスを防ぐために前に出す。これを「アームプロテクション」という

ヒザ
すぐに動き出せるようにヒザは柔らかく使う

技術解説 ボールを身体で守る

ひとくちにドリブルといっても、さまざまな種類があり、試合では状況に応じて使いわける必要があります。とはいえ、それらは基本の姿勢から発展したものであり、まずはそこからはじめないとドリブルを上達させることはできません。

ドリブルの基本姿勢のポイントは、顔を上げて視野を広く保ち、ボールを身体でしっかりと守ること。また、ヒザを柔らかく使って、すぐに動き出せる体勢をとっておくことも重要なポイントです。

▶▶▶ ドリブルの基本姿勢のポイント①

POINT 1

しっかりと顔を上げて、ボールをついていない手は前に出す

解説 しっかりとボールをコントロールする

バスケットボールは、できるだけボールをディフェンスから遠い位置で扱うのが基本。それはドリブルにおいてもいえることであり、さらにボールを守るためにボールをついていないほうの手を前に出します。また、まわりの状況を見るために顔を上げる必要があり、そのためにはボールを見ないで扱うボールハンドリング能力も要求されます。

▶▶▶ ドリブルの基本姿勢のポイント②

POINT 2

前に出した手を必要以上に上げてしまうのはNG

NG

解説 体勢が崩れないように要注意

ディフェンスからボールを守るのは大切なことですが、ディフェンスを意識するあまり、前に出した手を上げすぎるのはよくありません。こうすると、重心が一方にかたより、全体のバランスが崩れてしまうので、次の動作へとすぐに移行できなくなってしまいます。

▶▶▶ ドリブルの基本姿勢のポイント③

POINT 3

ドリブルをつく手が右であっても、左であっても、基本姿勢はかわらない

解説 どちらの手でも同じように扱う

ドリブルは利き手ではないほうの手でも、利き手と同じようにできるようになりたいもの。ボールをつく手が右手であれ、左手であれ、ドリブルの基本姿勢はかわりません。しっかりと顔を上げて、ボールをついていないほうの手を前に出します。

ドリブル

メニュー 046

フロントチェンジ

レベル ★☆☆☆☆

人数　1人〜
場所　どこでも可

ねらい　試合では、単純なドリブルでは、なかなかうまくボールを運ぶことができない。そこでドリブルのバリエーションを増やしていくことが必要になる。ボールを身体の前でついて持ちかえるこの動きは、もっとも基本的なパターンの1つ

手順

① 一方の手でボールをつく
② 身体の前でボールをつき、もう一方へボールを移動させる
③ そのままもう一方の手でボールをつき、ドリブルを続ける

ドリブルをしながら前へと進む

もう一方の手に持ちかえるため、身体の前でボールをつく

もう一方の手でボールを受ける

そのままドリブルを続ける

指導者MEMO　このドリブルは試合でもよく使われますが、ボールを自分の身体の前で移動させるため、ディフェンスが奪う狙い目にもなります。タイミングをはかって手を出してくるディフェンスもいるので、相手の対応をよく見て使うように心がけましょう。

NG　ドリブルしている間に、ボールをつかむような格好で保持するとバイオレーション(反則)となり、相手のボールになってしまうので注意しましょう。

ドリブル

メニュー 047

インサイドアウト

レベル ★

人数 1人〜
場所 どこでも可

ねらい 片手で内側につくと見せかけて、外側につくドリブルを身につける。フロントチェンジ（78ページ）と見せかけたフェイントにもなる

手順

① 一方の手でボールをつく

② フロントチェンジと見せかけるように、外側から内側へとボールを動かそうとする

③ 内側にはボールをつかずに、外側へとボールをつく

④ もとの手のままでドリブルを続ける

ドリブルをしながら前へと進む

フロントチェンジの動作を見せる

内側ではなく、外側にボールをつく

そのままドリブルを続ける

指導者MEMO
フロントチェンジしようとすると、ディフェンスが手を出してくる。そういう場合に効果的に使えるのが内側から外側へとボールを移動させるインサイドアウトです。相手に左右どちらに進むか読まれないようにすることが大切なポイントとなります。

NG
このドリブルでもボールを移動させる際、つかむような格好にならないように注意してください。ボールの上半分を使うようにすることがポイントです。

ドリブル

メニュー 048 バックロール

レベル ★★☆☆☆
人数 1人
場所 どこでも可

ねらい ディフェンスに奪われないように、さまざまなドリブルを身につけるためのバリエーションの1つ。身体を反転させるドリブルは、ボールをとりにディフェンスが前に出てきた際に有効である

手順

① ドリブルをする

② バウンドにあわせて身体を反転させる

③ もう一方の手でボールをつく

④ そのままドリブルを続ける

まずは、一方の手でドリブル

バウンドのタイミングに合わせて、身体を反転させる

すみやかに反転する。顔は上げたままが基本

もう一方の手に持ちかえドリブルを続ける

指導者MEMO ディフェンスがボールをとりに前に出てきた状況をイメージし、ボールを身体で隠すように反転すること。体勢が崩れないように、身体の中央の軸を意識します。反転したあと、もう一方の手でドリブルを継続させる方法のほかに、反転するときと同じ手でドリブルを継続させる方法もあります。両方をうまく使いわけましょう。

Basketball Column 01 かつての衝撃的なテクニックが今や基本技術に

私が選手当時、アメリカ遠征で最初にこのドリブルを目にした時は衝撃的でした。それを真似して何度も練習したものですが、いまや基本技術の1つになっています。現代バスケットボールにおける、ドリブルの技術のレベルの向上が強く感じられます。

ドリブル

メニュー 049 レッグスルー

レベル ★★
人数 1人〜
場所 どこでも可

ねらい 両足の間を通してボールをつき、ドリブル時のボールの持ちかえ方のパターンを増やす

手順
①ドリブルをする
②両足の間にボールをつく
③もう一方の手に持ちかえる
④そのままドリブルを続ける

まずは、一方の手でドリブル

両足の間でボールをつく

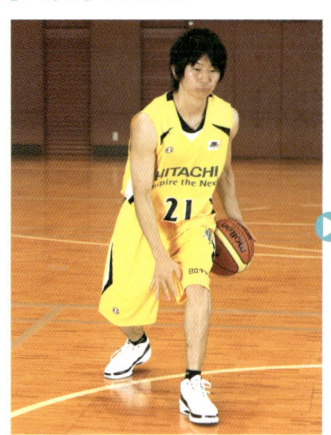

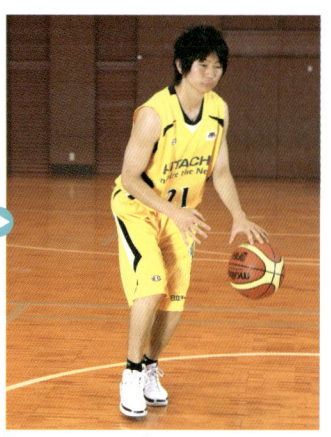

もう一方の手に持ちかえる

そのままドリブルを続ける

指導者MEMO 低い姿勢を保つのがポイント。ボールを両足の間に通す際に、ボールが足にぶつからないように気をつけましょう。最初は止まった状態で練習し、次に動きながらドリブル、そしてディフェンスをつけて行うとリズムがつかめるはずです。

Basketball Column 02 派手さだけではなく、実用性もある

左右にボールを移動させるのであれば、フロントチェンジで十分だと思われるかもしれません。とくにレッグスルーは、一見派手なプレイだけに嫌う方もいるはずです。しかし、ディフェンスとの間合いが狭いときなどレッグスルーは効果的に使えますからぜひ覚えましょう。

ドリブル

メニュー 050　バックビハインド

レベル ★★★☆☆
人数　1人～
場所　どこでも可

ねらい　さまざまなドリブルを身につけるためのバリエーションの1つ。背後でボールをつくため難易度は高めだが、いざというときに使える

手順

① ドリブルをする

② 背後をとおして、背中側でバウンドさせる

③ もう一方の手に持ちかえる

④ そのままドリブルを続ける

まずは、一方の手でドリブル

背後を通して、背中側でバウンドさせる

もう一方の手に持ちかえる

そのままドリブルを続ける

指導者MEMO

ドリブルのなかでももっとも難しいとされているドリブルの1つです。それはボールが体の正面ではなく、背後にある時間が長いためです。手首や肩を柔軟に使って、すばやくボールを移動させることがポイントです。

NG

このドリブルを密集しているエリアで使うと、横や後ろから手を出されてとられてしまいます。ですからスペースがしっかりとれている状況で使うほうがよいでしょう。

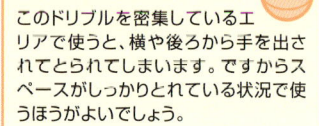

| ドリブル | レベル ★ |

メニュー 051 チェンジオブペース

人数　1人〜
場所　どこでも可

ねらい
ドリブルで相手をかわすには、スピードの緩急をつけることも有効。練習を通して、メリハリをつけたドリブルができるようになることを目指す。相手がいたほうがタイミングをつかみやすいが、1人でも行える

手順

① ドリブルで進む

② 止まって、ディフェンスの姿勢を高くする

③ ディフェンスのすきを見て、急にスピードを上げる

④ そのままドリブルで抜き去る

まずは
ドリブルで進む

止まると、対応しようと
ディフェンスの姿勢が高くなる

体勢を低くして、
急にスピードを上げる

そのまま抜き去り、
ドリブルを続ける

指導者MEMO
ディフェンスを抜くうえで忘れてはならないのが、「スピードの変化」です。ドリブルの緩急という言い方もよくされます。ゆっくりからいきなり速く、逆に速いドリブルから急にスピードを落とすことでディフェンスとの間を広げることができます。

Basketball Column 03　重要なのは自分のトップスピードを出すタイミング

走るスピードが速いからといって相手を抜けるとは限りません。逆に走るスピードが遅くても相手を抜ける可能性があります。その鍵となるのが、いかにスピードの変化をつけるかです。自分のトップスピードを出すタイミングを工夫しましょう。

ドリブル&シュート

メニュー 052 ジグザグドリブルからシュート

レベル ★★☆☆☆
人数 1人～
場所 ハーフコート

ねらい ドリブルでスムーズな方向転換をできるようになるとともに、そこからシュートまでつなげる動きを身につける

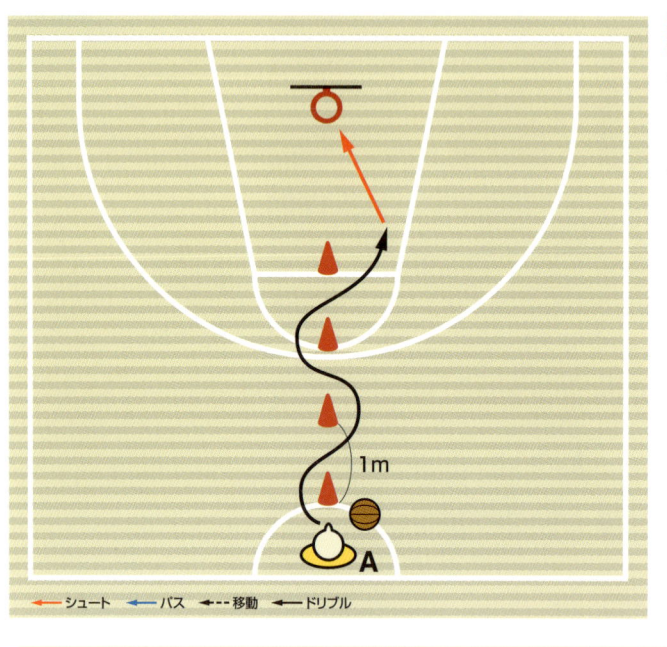

手順

① 図のようにコーンを置き、その間をドリブルでジグザグに進む

② ドリブルを終えたら、ジャンプシュートを打つ

→ シュート　→ パス　--→ 移動　→ ドリブル

指導者MEMO

限られた練習時間を有効に活かすために、このようにドリブルとシュートの練習を兼ねる方法もあります。こうすることで、ドリブルしている間にゴールを意識する習慣もつきます。ドリブルの種類をかえながら行いましょう。

ワンポイントアドバイス

ドリブルを終えたあと、シュートへと持ち込む際にもいろいろなパターンを試しましょう。ドリブルからジャンプシュートではなく、そのままレイアップシュートに持ち込むこともできます。いろいろな得点パターンへとつなげてください。

Basketball Column 04 目的に合わせてコーンの置き方を工夫する

上のようにコーンを使うメニューでは、目的に合わせてコーンの置き方を工夫することもポイントの1つになります。

たとえば、間隔を狭めれば、密集地などで役立つ細かいドリブルができるようになりますし、逆に間隔を広げると、スピードアップにのったドリブルを身につけることにつながります。また、それらを複合して行うために、コーンの間隔を不規則に置くのも1つのアイデアです。

指導者はもちろんのこと、選手もそのメニューの目的を意識して取り組みましょう。

ドリブル&シュート

メニュー 053　45度のコーンを抜いてシュート

レベル ★★
人数 1人
場所 ハーフコート

ねらい　ディフェンスに見たてたコーンをドリブルでかわして、そのままレイアップシュートに持ち込む

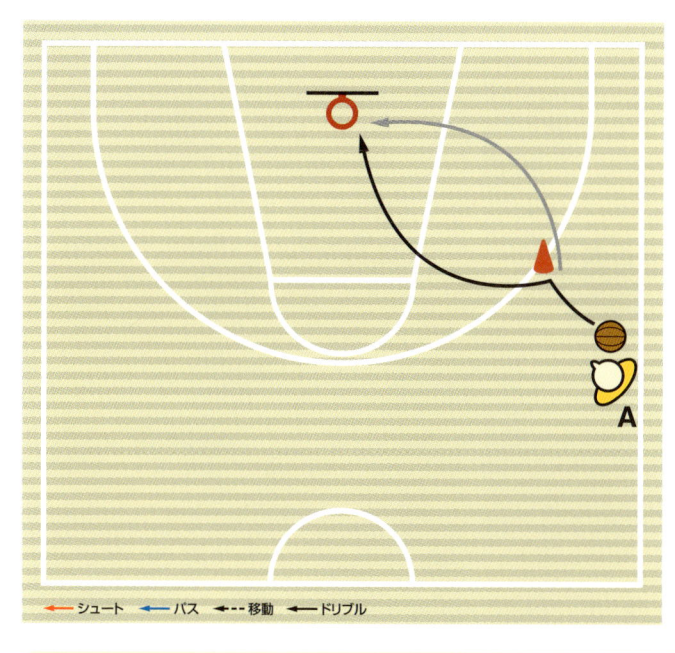

手順

① 図のように45度にコーンを置き、そのコーンに向かってドリブルをする

② コーンをディフェンスに見たてて、さまざまなドリブルのテクニック（メニュー46〜51）でかわし、そのままレイアップシュート（42ページ）に持ち込む

凡例：シュート ← パス ←-- 移動 ← ドリブル

アレンジ

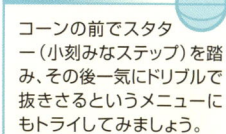

コーンの前でスタター（小刻みなステップ）を踏み、その後一気にドリブルで抜きさるというメニューにもトライしてみましょう。

指導者MEMO

ゴールに近づくほど、ドリブルをつくことは難しくなります。必然的に最小限のドリブルでシュートに持ち込む意識が欠かせなくなります。そして最初の１歩を大きく踏み出すことが大切なポイントです。

ワンポイントアドバイス

ゴールへと向かうようなドリブルは「ドライブイン」とも呼ばれます。私が最重要視しているプレイの１つです。そのなかでポイントとなるのがエクスプロージョン(爆発)、すなわちドリブルを強くつくこと。弱いドリブルでは相手にとられる可能性が高くなります。

Basketball Column 05　シュートを打つ前に両手でボールを持つテクニックもある

ドリブルを駆使し、ゴールに向かって果敢にアタックするシーンは見応えがあります。オフェンスは力強いドリブルでディフェンスに取られないようにし、一方のディフェンスはなんとかそのボールに触ろうとする攻防が展開されるのです。

トップレベルの試合では、ドリブルからシュートに持ち込む際、ディフェンスにボールをとられないようにボールを両手で抱え込むように持つプレイがよく見られます。そこから片手のシュートに持ち込むわけですが、より高いテクニックが求められるプレイです。

ドリブル

メニュー 054 オールコートの1対1

レベル ★★☆☆☆
人数 2人〜
場所 オールコート

ねらい ドリブルのテクニックを磨くための総合的なメニュー。ドリブルをする選手には、さまざまなボールのつき方やスピードの緩急をつける工夫が要求される

基本はオールコートでの1対1。ドリブルする選手（A）はディフェンス（B）と対峙する

いろいろなドリブルを用いて、AはBをかわす

Bもかわされないように必死にマークする

AはBを抜ききったらシュートに持ち込む。またはスピードを緩めて、また対峙してもよい

手順

①ドリブルする選手（A）がボールを持ち、ディフェンスする選手（B）がマークにつく

②Aはドリブルを工夫しながらBを抜いていく

③Aが抜ききったらシュートに持ち込むか、または相手との間合いを空けることを想定してスピードを緩め、Bがマークについた状態で、ふたたび1対1をはじめる

指導者MEMO

ドリブルの目的は進むことだけではありません。一度下がって、相手との間合いを空けることも重要なポイントです。そうすることでまわりがよく見え、ドリブルで進むべきコースも的確に判断できるようになります。

ワンポイントアドバイス

1対1の練習中、ドリブルでミスしても悔しがる必要はありません。悔しがる前にルーズボールを拾うことに意識を傾けましょう。たとえ相手にボールを奪われても、次はディフェンスで頑張ればよいのです。

ドリブル

メニュー 055 　**1対2**

レベル ★★★★☆
人数　1人〜
場所　ハーフコート

ねらい　1人で2人のディフェンスを抜く能力があると、大きな武器になる。その感覚を身につけるため、2人の中間地点あたりをドリブルで突破する

基本は1対2。ディフェンスの1人（B）はボール保持者（A）をマークし、もう1人（C）はやや後ろで構える

後ろで構えていたCは、Aに近づく

Aは2人のディフェンスの間を狙う

そのままドリブルで突破していく

手順

① ドリブルする選手（A）がボールを持つ

② ディフェンス側（B、C）は実際の試合を想定して、BはAのマークにつき、Cはやや後ろで構える

③ CはBを助けるためにAに近づく

④ Aはタイミングをみて、BとCの間をドリブルで突破する

指導者MEMO

2人のディフェンスをかわすためには、ちょうど中間地点あたりをドリブルで突破すること。ただし、2人のディフェンスが中央を防いでいるようなら、左右どちらかのサイドから抜いていくテクニックも必要になります。

アレンジ

オフェンス1人と、ディフェンス2人との駆け引きを展開するなかで、ディフェンスがボールを奪ったら、2対1のゲームに転じる練習方法も効果があります。試合形式の練習のなかでドリブルを向上させましょう。

ドリブル

メニュー 056 サークルドリル

レベル ★★☆☆☆
人数 2人～
場所 ハーフコート

ねらい コート内のサークルを利用して、遊び感覚で楽しみながらドリブルの技術を磨く。相手の状況を見る必要があるため、視野を広く保つことにもつながる

2人で行うメニュー。サークル内でそれぞれドリブルして、相手のボールを奪うか、サークルの外に出したら勝ち

手順

① 2人で行う。それぞれがボールを持ってサークルに入る

② 2人でボールを奪いあう

③ ボールをとるか、サークルの外に出せば勝ち

指導者MEMO
ドリブルの技術を向上させるうえで大切なのは、試合を想定して行うことと「楽しむこと」です。このメニューのように遊び感覚の練習を増やすと、選手のモチベーションはアップするはず。タイミングを考えて取り入れましょう。

ワンポイントアドバイス
大会期間中などの試合が重なる時期はなかなかボールハンドリングや、ドリブルのゲームなどを取り入れられないかもしれません。ですから試合が終わったあと、またはあいている時間を有効に使って継続していくことがとても大切です。

第3章
パス
Pass

攻撃を組み立てるうえで、
パスはとても重要な役割を果たします。
それだけにパスまわしはしっかりと練習しておきたいところ。
チームで協力して取り組みましょう。

パスの基礎技術

技術解説 チェストパス

ボールの位置
ボールを投げ出す位置は胸のあたりから

片足
どちらかの足をパスを出す方向へと踏み出す

手首
手首のスナップをきかせて、バックスピンをかけながらパスする

技術解説 強くて速いパスを出す

　ボールをすばやく動かせるパスは、オフェンスを組み立てるうえで非常に重要なテクニックです。いくつかあるパスのうち、自分の胸（チェスト）から出すパスは「チェストパス」と呼ばれ、両手で出すぶん、もっとも正確なパスといわれています。

　ポイントは、ボールにバックスピンをかけながら、強くて速いパスを出すこと。弱くて遅いパスではディフェンスにとられてしまうので、普段の練習から強くて速いパスを出すように心がけましょう。

▶▶▶ チェストパスのポイント①

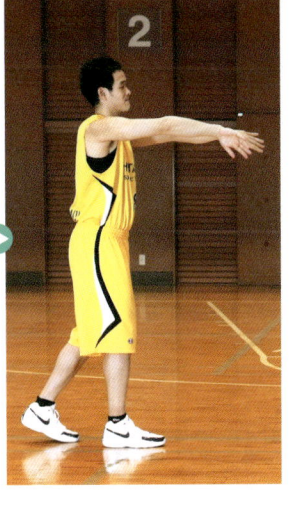

POINT 1
パスを出すほうに向けて片足を出し、胸のあたりからボールを出す

👉解説 自分の胸元から両手で投げる

どちらか一方の足を前へと踏み出しながら、胸元から両手でパスを出します。手首のスナップをきかせて、バックスピンをかけるのは、受け手がとりやすくするため。試合ではできるだけ速いパスが求められるので意識して行いましょう。

▶▶▶ チェストパスのポイント②

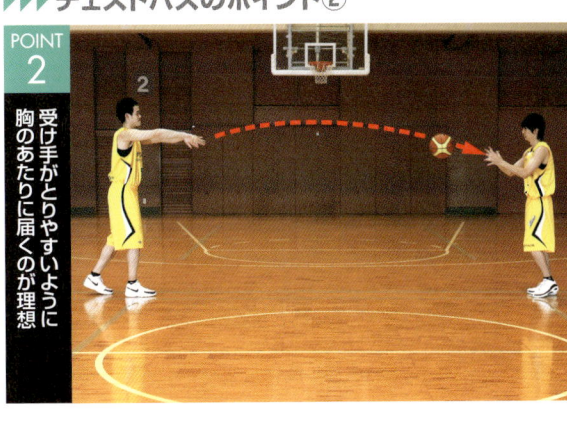

POINT 2
受け手がとりやすいように胸のあたりに届くのが理想

👉解説 相手の胸をめがけてパスを出す

チェストパスは、受け手がとりやすく、すぐに次の動作に移れるように、受け手の胸を目がけて投げるのが基本。対面での練習では、パスのコースがずれてしまわないように気をつけながら、テンポよく交互にパスを出し合います。

STEP BY STEP Basketball
パスのスピード
練習のときから速いパスを

　日本のバスケットボールのレベルを考えると、1人でボールを運ぶテクニック、すなわちドリブルのテクニックは目覚しい進歩を遂げている一方、パスのテクニックは少し遅れ気味といった印象を受けます。
　普段の練習で、パスのスピードが遅いと、その悪いクセが試合で出てしまい、ボールを奪われるミスへとつながってしまいます。スピードが速くなると受け手もとりづらくなりますが、パスを出す選手と受け手の意気をしっかりと合わせながらパスの技術を向上させていきましょう。

パスの基礎技術

技術解説 サイドハンドパス

投げ方
足を踏み出した姿勢から、そのまま片手で手首のスナップをきかせて投げる

足の踏み出し方
ボールを持っているほうとは逆の足を踏み出すパターンもある

踏み出し
目の前にいるディフェンスをよけるため、片方の足を大きく踏み出す

技術解説 片足を踏み出して投げる

ディフェンスが目の前にいるような場合には、横に足を踏み出しながら、ボールを相手から遠ざけて片手で出すような技術も求められます。これを「サイドハンドパス」といいます。どちらかの足を踏み出してからボールを離しますが、ボールを持っているほうの足を踏み出すパターンと、逆の足をクロスに踏み出すパターンがあります。状況に応じて使いわけましょう。

パスの基礎技術

技術解説 ショルダーパス

手首
できるだけ速いモーションで、手首のスナップをきかせて投げる

ボールの位置
ボールを肩より高い位置にかかげる

POINT 1 ボールを片手で持ち、投げる姿勢に入る

POINT 2 片手でボールを投げる。離すときに手首のスナップをきかせる

技術解説 できるだけすばやく投げる

　遠いところにいる味方にボールを届かせるためによく使用されるのが、「ショルダーパス」です。
　肩から投げるパスであり、ちょうど野球の選手がボールを投げるような格好になります。あまりモーションが大きいと、時間がかかってしまい、ディフェンスに対応されてしまうため、できるだけすばやく投げるように心がけましょう。

パスの基礎技術

技術解説 バウンズパス

踏み出し
パスを出したいほうに向けて片方の足を踏み出す

手首
スナップをきかせて回転をかけてバウンドさせる

技術解説 パスを出すタイミングに注意

　実際の試合では、状況によってフロアに一度バウンドさせてから、受け手にボールを届かせるテクニックが必要となります。このようなパスは「バウンズパス」と呼ばれています。
　試合での頻度も高く、ディフェンスの足元のパスコースを狙うとき、または走り込む選手のタイミングに合わせるときなどによく使われるパスです。ボールの回転のかけ方を工夫して、有効に使いましょう。

▶▶▶ バウンズパスのポイント①

POINT 1

片足を投げたい方向に踏み出して、両手のスナップをきかせる

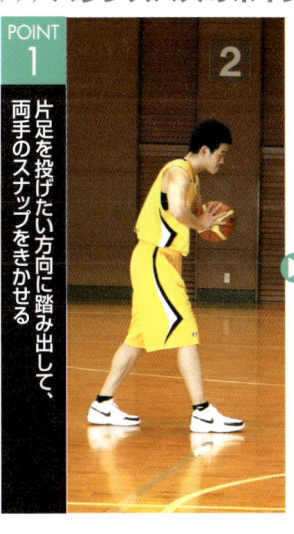

🖐解説 スナップをきかせてバックスピンをかける

回転のかけ方によって、いろいろ種類があるバウンズパスですが、もっともベーシックなのは受け手の胸元に届くようにバックスピンをかけてバウンドさせるものです。バックスピンをかけると、バウンド後に勢いが弱まり、受け手がとりやすくなります。

▶▶▶ バウンズパスのポイント②

POINT 2

ボールをバウンズさせる位置は2人の間隔の3分の2が目安

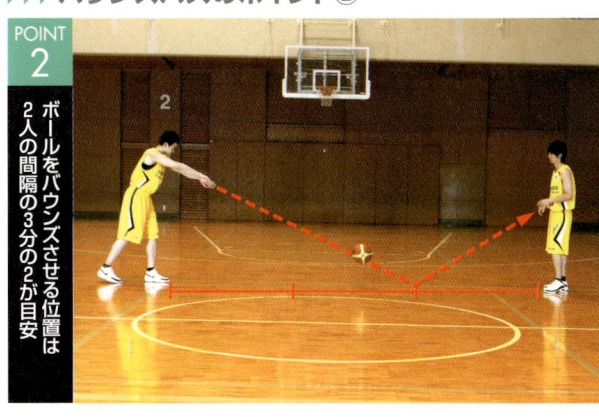

🖐解説 バウンドは3分の2が目安

バックスピンをかけてバウンドさせる場合、バウンドさせる位置は受け手との間隔の3分の2あたりが目安となります。それより受け手に近いと足元にいってしまい、とりにくくなります。

STEP BY STEP Basketball

バウンズパスの回転の種類
横にスピンをかけるテクニックもある

バウンズパスでは、ボールにバックスピンをかけるとバウンド後のパスのスピードを落とすことができますが、それとは反対にボールにトップスピンをかけると、バウンド後のスピードが増すことになります。また、横方向へとボールに回転をかけて、受け手の手元にパスを届かせるテクニックもあります。回転の向きや強さをかえながら、自分なりの感覚をつかむように練習しましょう。試合では、これらを状況に応じて使いわけることが、相手に奪われにくいパスを出せることにつながっていくのです。

メニュー057 距離を伸ばしていく対面パス

パス

レベル ★★☆☆☆
人数 2人
場所 どこでも可

ねらい
試合では、はやくて正確なパスを出せる距離が長ければ長いほどよい。その力を養うために、まずは無理のない距離から2人で向きあってパスを出し合い、じょじょに距離を伸ばしていく

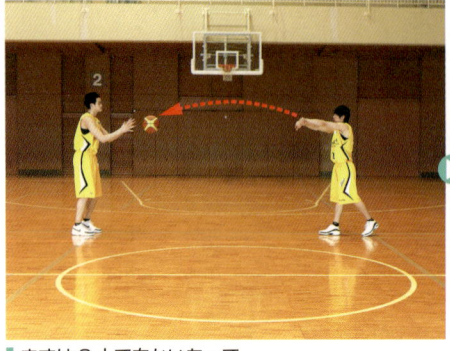

| まずは2人で向かいあってチェストパス（90ページ）を出しあう | 強く正確なパスを出せるようになったら、少し距離を伸ばす |

| 少し離れた位置で対面パスを行う | その距離でもパスが届くようになったら、さらに距離を伸ばす |

手順
①2人で向かい合い、パス交換をする

②2人の間の距離を伸ばしていく

指導者MEMO
対面パスは一見すると、簡単そうに見えるかもしれません。しかし、1本1本のパスを大事にし、強くて速いパスを出す習慣をつけることは難しいものです。試合におけるパスミスの多さがそれを物語っています。

ワンポイントアドバイス
パスの距離が長くなると、どうしても山なりのパスになってしまいます。片方のサイドラインからもう一方のサイドラインまで正確にチェストパスを強く出せることを目標にしましょう。ほかのパスも対面で練習を重ねてみてください。

メニュー 058 — パスを出した方向に走る対面パス

パス

レベル ★★☆☆☆
人数 3人〜
場所 どこでも可

ねらい　パスを出したら、すぐに動くのが基本。
パスを出したら前に走って、その習慣を意識づける

手順

① 対面に列をつくる

② パスを出したらすぐに前に走る

③ パスを出した先の列の後ろに並ぶ

対面でパスをし、パスをしたらすぐに前に走り出した先の後ろに並ぶ

指導者MEMO　パスを出したら、すぐに動くことを「パス＆ゴー」といいます。パスを出すために踏み出す動作を1歩目としながら、すばやく動き出すことを意識しましょう。

メニュー 059 — 後ろに走って戻ってくる対面パス

パス

レベル ★★☆☆☆
人数 2人〜
場所 どこでも可

ねらい　試合では、パスを出したらその方向に動くプレイがある一方、離れるような動きをすることもある。それを想定して、パス出し後すぐに後ろに走る

手順

① まずは2人で向かい合って対面パスを行う

② パスを出したらすぐに後ろに走る

③ 一定の距離（たとえばサイドラインにタッチするなど）を走り、戻ってふたたびパス交換をする

まずは対面パス。そして、パスを出したらすぐに後ろに走り、サイドラインにタッチしてふたたび戻る

指導者MEMO　パスをするために前に踏み出した足でキックして、すばやく後ろへと動き出すことがポイント。チェストパスだけではなく、バウンズパス（94ページ）などのいろいろなパスで行うようにしましょう。

パス

メニュー 060

ツーボールの対面パス
（チェストパス－バウンズパス）

レベル ★★☆☆☆
人数 2人～
場所 どこでも可

> **ねらい**
> 2人の呼吸を合わせて同時にパス交換をするメニュー。
> パスの正確性はもちろんのこと、パスを出すタイミングのよさも求められる

2人がボールを持って対面し、1人がチェストパス（90ページ）、もう1人がバウンズパス（94ページ）を出す

手順

① 2人がボールを持って対面する

② 1人がチェストパス、もう1人がバウンズパスを同時に出す

③ 一定回数を行ったら、パスの種類を交替する

アレンジ

まずは、チームのレベルにあわせて、パスを無理なく届かすことができる距離で行い、慣れてきたら2人の距離を伸ばしいきます。

指導者MEMO

お互いに声をかけて呼吸を合わせながら、テンポよくリズミカルに行います。2人で同時にパスを出すため、パス出しのタイミングのよさや、相手がとりやすいように出す正確性が求められます。また、もう1つポイントとなるのが、パスを出したあと、すぐにボールを受けられる体勢をとること。これは試合でも必要になるので、しっかりと意識しましょう。

ワンポイントアドバイス

パス交換のリズムがつかめてきたらスピードを少しずつ速めていきましょう。そして一定回数を行ったら、お互いにパスの方法を交替します。

メニュー 061

パス

ツーボールの対面パス
（サイドハンドパス－サイドハンドパス）

レベル ★★
人数 2人～
場所 どこでも可

ねらい　左のメニューと同様に、2人の呼吸を合わせながらパスの正確性や出すタイミングを覚える。サイドハンドパス（92ページ）は足を横に踏み出すという大きな動きが必要なので、出したあとのすばやい体勢づくりをより強く意識する

2人がボールを持って対面し、互いに右からサイドハンドパスを出す

手順

① 2人がボールを持って対面する

② 互いに右からサイドハンドパス

③ 一定回数行ったら左右を交替する

指導者MEMO

片手でパスを出したあと、すぐに両手でパスを受けられる体勢をとりましょう。そこから大きく横に足を踏み出してサイドハンドパスを出します。一定回数を行ったら、左右を交替します。

ワンポイントアドバイス

実践では1つのボールしか使いませんが、2つのボールを同時に使う練習は、頭の回転を速めるのにも効果的です。こうした練習を通じて、まわりを見る力も備わってくるものです。

メニュー 062　パス
ディフェンスをつけての対面パス

レベル ★★★☆☆
人数 3人〜
場所 どこでも可

ねらい　試合ではディフェンスがパスの動作に対してプレッシャーをかけてくる。パスの動きを身につけたら、次のステップとして、ディフェンスがいる状況でのパスの出し方を覚える

ディフェンスはパスを出させないようにプレッシャーをかける。
パスが渡ったら、移動して常にボール保持者をマークする

手順

① 3人1組で行う。2人が対面し、その間にディフェンスが1人入る

② 2人がパス交換をする。ディフェンスはボール保持者にプレッシャーをかける

③ パスが渡ったら、その方向に移動して、ふたたびプレッシャーをかける

指導者MEMO

ディフェンスのプレッシャーをかわしてパスを出すためのキーワードは、「フェイク」です。フェイクとは、相手をだます動作のこと。試合では、「上から出すフリをして下から」「右から出すとみせて左から」というように、相手をだます工夫が大切です。

ワンポイントアドバイス

ディフェンスは最初、積極的に奪いにいかず、プレッシャーをかけるだけとします。練習の要領がつかめたら、しっかりとボールに手を持っていくなどして、少しずつプレッシャーを強めて試合に近づけましょう。

パス

メニュー 063　パスを出した方向に走る三角パス

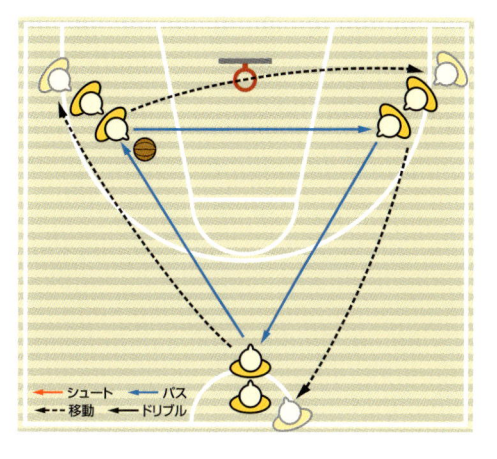

レベル ★★
人数 6人〜
場所 ハーフコート

ねらい　パスを出したらすぐに動き出す意識を高める

手順

① 図のように正三角形に並ぶ

② パスを出した選手はその方向に走り、その列の後ろに並ぶ

指導者MEMO　声をかけ合いながらパス交換を行い、お互いの連係プレイを高めていきましょう。チェストパス（90ページ）だけでなく、バウンズパス（94ページ）なども交えることにより、パスの技術の幅が広がります。

パス

メニュー 064　パスとは逆方向に走る三角パス

レベル ★★★
人数 6人〜
場所 ハーフコート

ねらい　上のメニューと同様に、パスを出したらすぐに動き出す意識を高める。パスを出した方向とは逆に動くため、難易度は高くなる

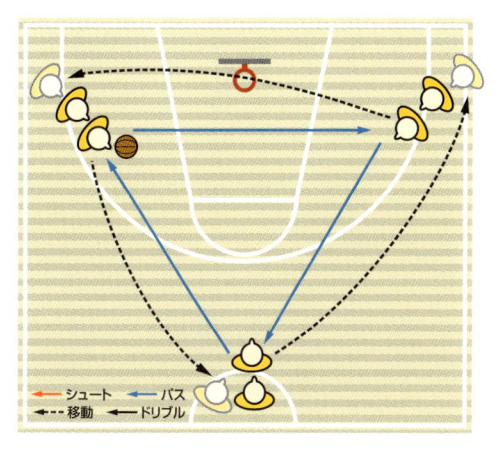

手順

① 図のように正三角形に並ぶ

② パスを出した選手は、出したほうとは逆に向かって走り、その列の後ろに並ぶ

指導者MEMO　パスしたのとは違う方向に動くのは難しい技術です。なぜなら、はやく動き出そうとするあまり、どうしてもパスのための踏み出し足が弱くなってしまうからです。強いパスを出してから動き出すように心がけましょう。

パス

メニュー 065 ミシガンパッシング

レベル ★★★☆☆
人数 8人～
場所 ハーフコート

ねらい パスを出したあとに、その方向とは違うほうに走り、ふたたびパス交換を行うメニュー。距離に適したパスを出す力の加減を知るのにとても役立つ

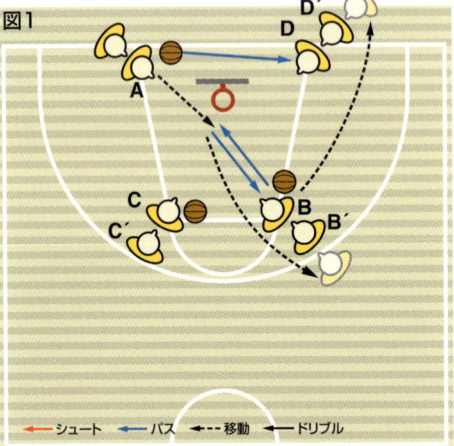

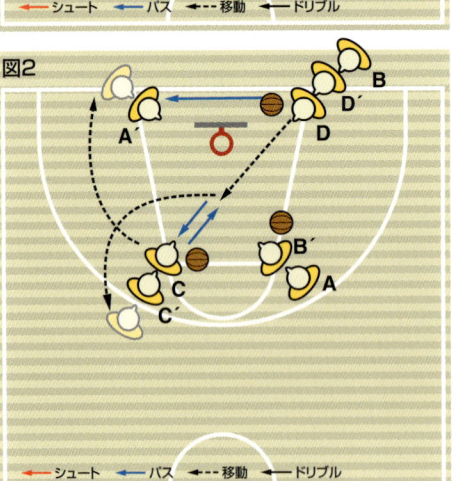

図1

← シュート　← パス　←-- 移動　← ドリブル

図2

← シュート　← パス　←-- 移動　← ドリブル

手順

① 図1のようにA、B、C、Dに列をつくり、A、B、Cがそれぞれボールを持つ

② AはDにパスを出し、その後Bへと向かい、途中でBからのパスを受ける

③ Bはパスを出したあと、Dのいる列に並ぶ

④ Aはパスを受けたあと、B´にパスを出し、その後Bのいた列に並ぶ

⑤ 図2のように、AからパスをうけたDはA´にパスを出し、その後Cへと向かい、途中でCからのパスを受ける

⑥ Cはパスを出したあと、Aがいた列に並ぶ

⑦ Dはパスを受けたあと、C´にパスを出し、その後Cのいた列に並ぶ。これをローテーションしながら繰り返す

指導者MEMO

パスは速いほどディフェンスにとられにくいものですが、あまりに速すぎて、受け手が取りづらいようでは意味がありません。このメニューのような練習を通じて、距離に適したほどよいパススピードを身につけましょう。

ワンポイントアドバイス

この練習は、ミシガン大学で行われていたことから「ミシガンパッシング」と呼ばれています。日本はアメリカから多くの練習を取り入れており、とくに大学生を指導する名コーチの練習には参考になるものが数多くあります。

メニュー 066 パス

フォーコーナーパッシング

レベル ★★
人数 8人〜
場所 ハーフコート

ねらい パスを出したあとに動く習慣を身につけるとともに、パスがきた方向とは違う方向へもスムーズにパスを出せるようになる

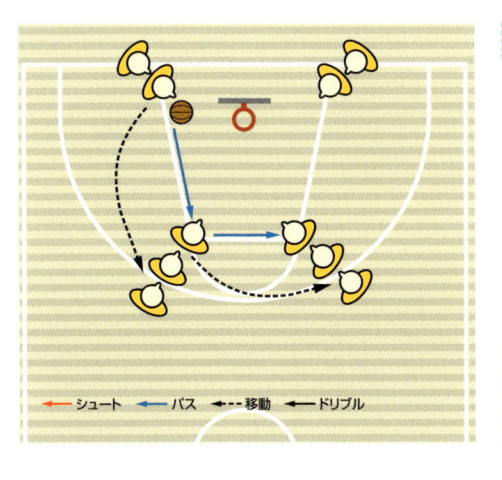

手順

① 図のように列をつくる。まずはボール保持者が右側の列の先頭の選手にパスを出す。その後、その方向に走り、列の後ろに並ぶ

② パスを受けたら、ピボットフット（143ページ）で身体の向きをかえ、サイドハンドパス（92ページ）で右側の列の先頭にパスを出す。その後、その方向に走り、列の後ろに並ぶ

③ これをローテーションで繰り返す。一定時間行ったら、逆まわりも行う

指導者MEMO 動きをともなうパス練習のすべてに共通していることですが、慣れるまではゆっくりでも構いません。

メニュー 067 パス

フォーコーナーパッシング（クローズアウト）

レベル ★★★
人数 8人〜
場所 ハーフコート

ねらい ディフェンスをかわしてパスを出し、パス後の動き出しを身につける

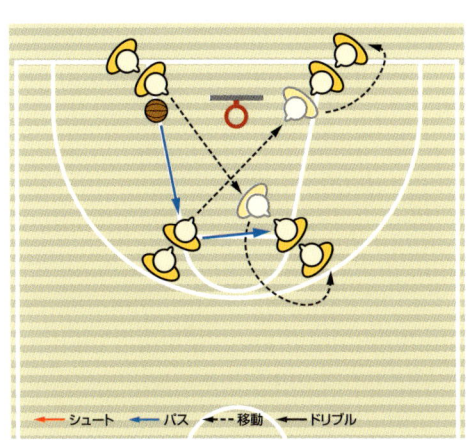

手順

① 図のように列をつくる。まずはボール保持者が右側の列の先頭の選手にパスを出す。その後、対角線上に走り、ボールがまわってきた列の先頭の選手にディフェンスにようにプレッシャーをかける。その後、列の後ろに並ぶ

② パスを受けたら、ピボットフット（143ページ）で身体の向きをかえ、サイドハンドパス（92ページ）で右側の列の先頭にパスを出す。その後、対角線上に走り、ボールがまわってきた列の先頭の選手にディフェンスのようにプレッシャーをかける。その後、列の後ろに並ぶ

③ これをローテーションで繰り返す。一定時間行ったら、逆まわりも行う

指導者MEMO パスを出したあとにディフェンス役にまわる際には、しっかりと相手にプレッシャーをかけましょう。

メニュー 068 パス

パスを出した方向に走る四角パス

レベル ★★☆☆☆
人数 8人〜
場所 ハーフコート

ねらい パス出し後に走る意識を高める。チーム全体で行うことができる

手順

① 図のように正方形に並ぶ

② Aは図のように走り、Bから出されるパスを受ける。Bはパスを出したあと、図のように走る

③ AはBからのパスを受け、自分の対角（C）にパスを出し、列の後ろにまわる。これをローテーションで繰り返す

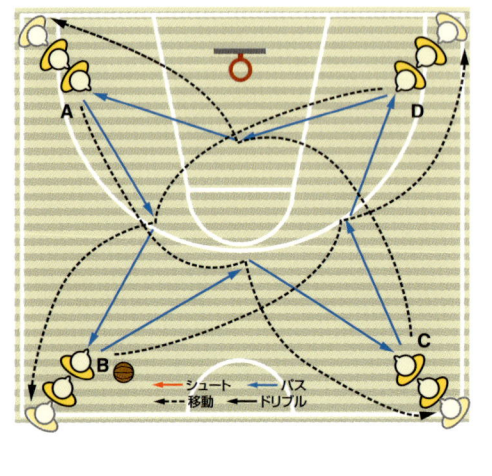

指導者MEMO お互いに声をかけ合ってパス交換を行いましょう。連係の助けになるだけでなく、練習の雰囲気も高まります。また、チェストパス（90ページ）だけでなく、バウンズパス（94ページ）なども取り入れることで、パスの技術が高まります。

メニュー 069 パス

5 on 4

レベル ★★★☆☆
人数 9人〜
場所 ハーフコート

ねらい ディフェンスをかわしてチームでパスをまわす

手順

① パスをまわす側5人（黄）に対して、ディフェンス4人（白）で行う。パスをまわす側は図のように1人を中央にして、その円（楕円上）上に等間隔で並ぶ

② パスをまわす側は移動しないで、その場でパスをまわす。ディフェンス側はパスを通さないように対応する。

③ パスをまわす側の間隔を調整しながら行うとよい。間隔が狭いほど難易度は上がる

指導者MEMO パスをまわす側の選手は、フリーの選手を探す能力が養われます。一方、ディフェンスにとっては、エリアを守るゾーン・ディフェンスの練習にもなります。人数が1人少ない分、エリアを守る意識が養われるというわけです。

メニュー 070 パス

ツーメンパッシング

レベル ★★☆☆☆
人数 2人～
場所 オールコート

ねらい 2人で行う走りながらのパス交換練習。パスの技術を高めるのはもちろんのこと、運動量も必要になる。ウォーミングアップとして行ってもよい

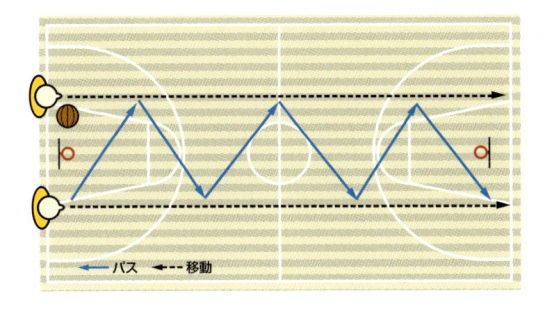

手順

① 2人1組となり、1人がボールを持つ

② 2人は並走しながらパス交換する

指導者MEMO 走る選手にパスを合わせるためには、走る先のスペースにパスを出すことがポイントです。チェストパスを確実に通す技術を身につけるとともに、バウンズパスを有効に活かせるように練習しておきましょう。

メニュー 071 パス

スリーメンパッシング

レベル ★★☆☆☆
人数 3人～
場所 オールコート

ねらい 3人で行う走りながらのパス交換練習。上のメニューと同様に運動量も必要になる。3人が同じスピードで並走することが求められる

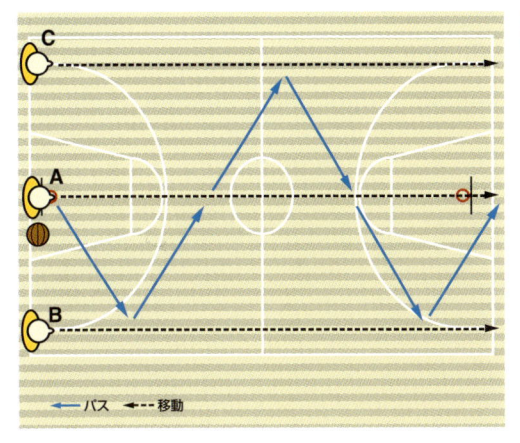

手順

① 3人1組となり、Aがボールを持つ

② AからB、BからA、AからC、CからAと、3人が並走しながらパス交換する

指導者MEMO 上のメニューと同様に走る先のスペースにパスを出すことがポイントですが、中央を走る選手には、一方を向いてキャッチし、すぐに逆方向にパスする素早さが求められます。ですから、サイドを走ったら次に中央という具合に、順番で行いましょう。

メニュー 072 クリスクロス

パス

レベル	★★★☆☆
人数	3人
場所	オールコート

ねらい
選手同士が交差（クロス）しながらパス交換をするという、試合でもよく見られる動きを覚えるためのメニュー。3人の呼吸が合わないとうまくいかないため、コンビネーションも高められる。

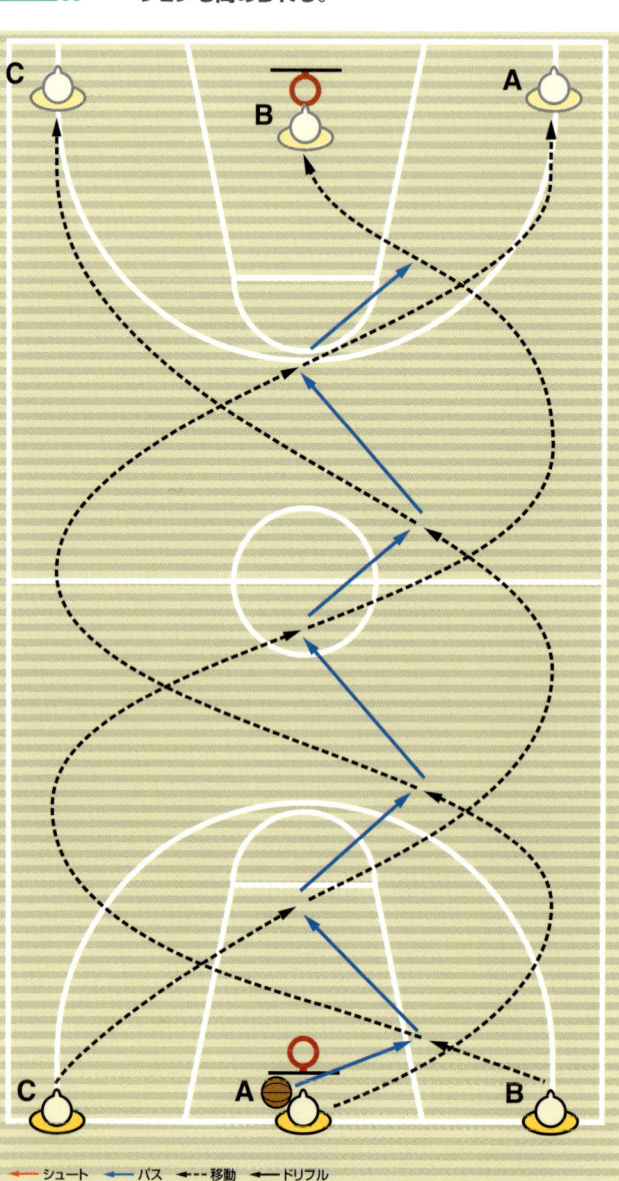

手順
① 3人1組で行う。Aがボールを持つ

② 図のように3人がクロスしながら走って（パスを出した選手は出したほうに走り、受け手の後ろを通ってターンする）パス交換していく

指導者MEMO
試合では真っ直ぐに走るだけでなく、斜めや横に走るようなケースもよくあります。そうした動きのなかでもスムーズにパス交換ができなくてはなりません。お互いの動きを把握し、声をかけ合いながら確実にパスが渡るように練習しましょう。

アレンジ
このようにお互いがクロスしながらパス交換をするほかに、動き方にはいくつかのパターンがあります。その精度を高めていくことが試合での速攻へとつながるわけです。パスの発展練習は、チームオフェンス（179ページ）でも紹介しています。参考にしながら、パスの技術を向上させていきましょう。

← シュート　← パス　←--- 移動　←--- ドリブル

第4章
ディフェンス
Defense

いくらすばらしいシュートを決めても、
より多くの得点を相手に決められたら意味がありません。
ディフェンスの基本はまずは腰を落とした姿勢から。
そこからさまざまな技術へと発展していきます。

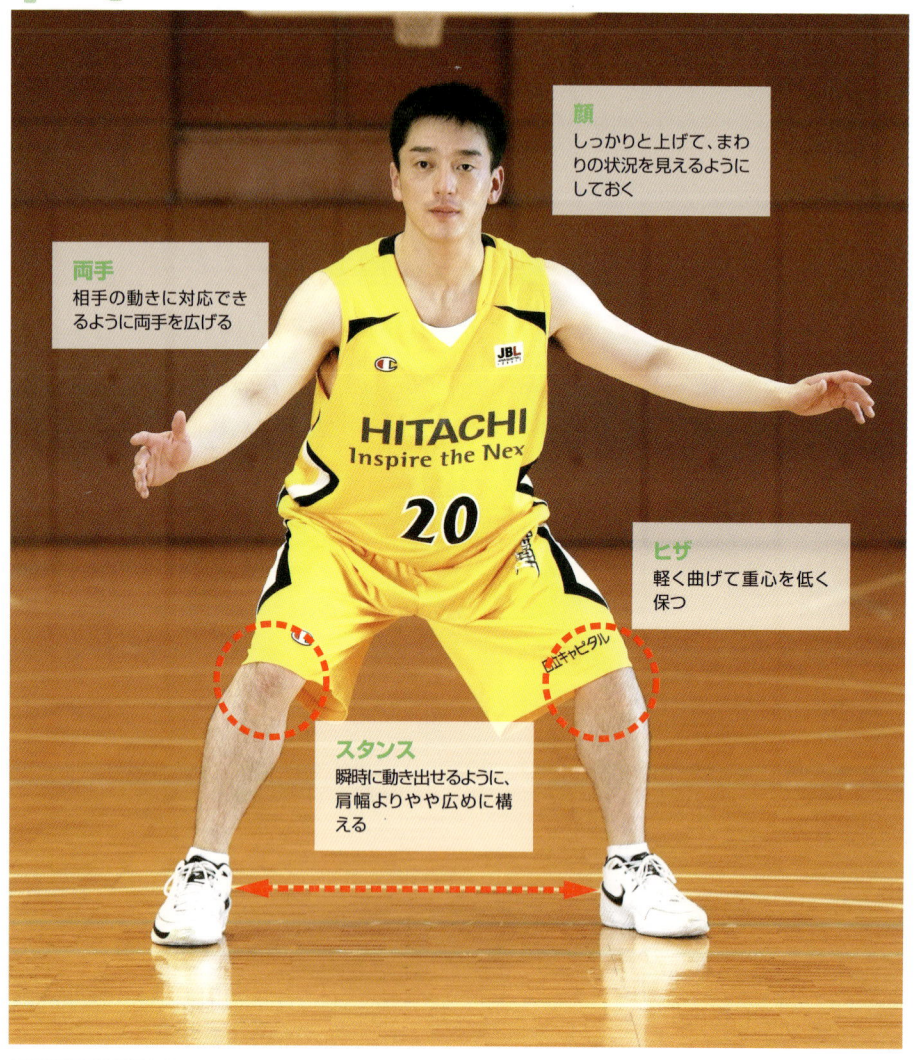

ディフェンスの基礎技術

技術解説 ディフェンスの基本姿勢

顔
しっかりと上げて、まわりの状況を見えるようにしておく

両手
相手の動きに対応できるように両手を広げる

ヒザ
軽く曲げて重心を低く保つ

スタンス
瞬時に動き出せるように、肩幅よりやや広めに構える

技術解説 ヒザを軽く曲げて重心を低く保つ

　ディフェンスの基本姿勢は、相手のシュートやパス、ドリブルといったプレイに対して、瞬時に動き出せるためのものです。ヒザを軽く曲げて、やや前傾で構え、重心を低く保ちます。顔はしっかりと上げて、周囲の状況を見えるようにしておくのもポイント。また、両手は開いておき、相手がシュートの構えを見せたら上へというように、できるだけはやく相手に対応します。

▶▶▶ ディフェンスの基本姿勢のポイント

POINT 1 背筋を丸めないようにしながら前傾姿勢を保つ

解説 背筋が丸まらないように要注意

ヒザを軽く曲げて重心を低く保ちますが、背筋が丸まらないように要注意。そして、フロアに対して垂直にならないようにも気をつけながら、やや前傾で構えます。

両手は開いて、前に構えます。これは相手にプレッシャーをかけられるようにするため。試合では、ここから臨機応変に対応して、相手のシュート、ドリブル、パスを妨げるようにします。

STEP BY STEP Basketball ディフェンスの練習

目的意識を持って練習に取り組む

基本といえどもこのディフェンスの基本姿勢を忘れがちになるように、オフェンスにくらべてディフェンスの練習はモチベーションを保つのが難しいものです。とはいえ、もちろん試合で勝つためには必要な技術ですので、指導者の方はそのことを常に頭に入れておかなければいけません。

また、1対1や5対5などのような対人のオフェンス練習でも、ディフェンスを重視することでディフェンス力の向上につなげることができます。目的意識を持って、練習に取り組みましょう。

オフェンスの練習メニューでも目的意識を持つことでディフェンスの練習になる

ディフェンス

メニュー 073　ショルダーステップ

レベル ★★☆☆☆
人数　1人～
場所　どこでも可

ねらい　相手のドリブルに対応するための基本的なステップ。足をクロスさせないで進む

ディフェンスの基本姿勢をとる

進行方向側の足を横に踏み出す。斜め後ろに進んでいく

続いてもう一方の足も動かし、基本姿勢に戻る

ある程度進んだら、進行方向をかえる

手順

① ディフェンスの基本姿勢をとる

② 進行方向側の足を横に踏み出す

③ 続いてもう一方の足も動かし、基本姿勢に戻る

④ ある程度移動したら方向をかえる

指導者MEMO
「サイドステップ」または「スライドステップ」とも呼ばれています。ポイントは、横に移動する際に、両足を閉じないこと。目安としては、両足が肩幅より狭くならないようにし、両足の間に必ず自分の頭がくるように意識しましょう。

ワンポイントアドバイス
移動する際に両足をくっつけてしまうと、上体が浮き上がりバランスが崩れてしまいます。その間に相手にドリブルで抜かれてしまうので注意しましょう。

メニュー 074 クロスステップ

ディフェンス

レベル ★★
人数 1人
場所 どこでも可

ねらい 足をクロスさせながら移動するステップ。
スピードが速いドリブルに対応するときなどによく使われる

ディフェンスの基本姿勢をとる	一方の足を横にクロスさせて踏み出し、斜め後ろに進んでいく
ある程度進んだら、方向をかえる	逆側でも同様に足をクロスさせて、斜め後ろに進んでいく

手順

① ディフェンスの基本姿勢をとる
② 足をクロスさせながら、斜め後方に移動していく
③ ある程度移動したら方向をかえる

指導者MEMO

相手のドリブルのスピードが速いときなどは、ショルダーステップ（110ページ）だと対応しにくいケースがあります。そういうときに使ってほしいのが足をクロスさせながら移動するフットワークです。頭が上下動しないように注意しましょう。

ワンポイントアドバイス

ショルダーステップにくらべて、このクロスステップは身体的な負担が軽いといえます。それだけに低年齢の選手にはとくに上手に使ってもらいたいフットワークです。ショルダーステップを酷使せず、クロスステップをうまくはさむことが大切なのです。

ディフェンス

メニュー 075 ラングライドラン

レベル ★★☆☆☆
人数 1人～
場所 どこでも可

ねらい 先を行く相手のドリブルに対して、低い体勢ですばやく移動することによって追いつく

- ディフェンスの基本姿勢をとる
- 速いドリブルを止めるイメージで、斜め後方に動き出す 
- そのままできるだけ速く走れるように低い姿勢を維持して大きく移動する 
- ある程度進んだら、低い体勢のままショルダーステップ（110ページ）に切りかえる 

手順

① ディフェンスの基本姿勢をとる

② 速いドリブルを止めるイメージで、斜め後方に走る

③ 進行方向はそのままで、低い姿勢を維持したまま大きく移動する

④ ある程度移動したら、低い姿勢のままショルダーステップに切りかえる

指導者MEMO

先を行く相手のドリブルに対して、ステップワークを駆使しても追いつけない場合があります。そこでまずはラン、走ってからグライド、すなわち低い姿勢で大きく移動します。そして追いついてからショルダーステップで相手のスピードを止めるのです。

NG

両足がフロアから離れているときに、大きく弾むように飛んでしまうと、相手の動きに対応できなくなるので注意しましょう。

| ディフェンス | レベル ★★★☆☆ |

メニュー 076 ボールチェック（1対1）

人数　2人〜
場所　ハーフコート

ねらい　より実戦的なフットワーク練習。ジグザグに進むドリブルに対して、いろいろなフットワークを使いわけて対応する

ボールを持った選手がジグザグに走り、その動きに対してディフェンスがフットワークを使ってついていく。ボール保持者のスピードはレベルにあわせて調整する

手順

① 2人1組になり、ボールを持った選手がジグザグに走る

② その動きに対して、ディフェンスがフットワークを使いわけて対応する

指導者MEMO
ショルダーステップ（110ページ）を基本とし、スピードに対応する際にはクロスステップ（111ページ）やランを使いわけます。逆にボールを持っている選手は、相手にいろいろなフットワークを踏ませるように工夫しましょう。

ワンポイントアドバイス
ボールを持っている選手がドリブルをすることで、より実戦的な練習になります。フットワークを磨くためわざとボールをとらないようにするのか、それとも試合形式の1対1を展開するのか、練習の目的を明確にして行いましょう。

メニュー 077 ディフェンス サークルドリル

レベル ★★★☆☆
人数 1人〜
場所 ハーフコート

ねらい ドリブルの動きに対応するため、ショルダーステップ（110ページ）で方向転換をスムーズに行う

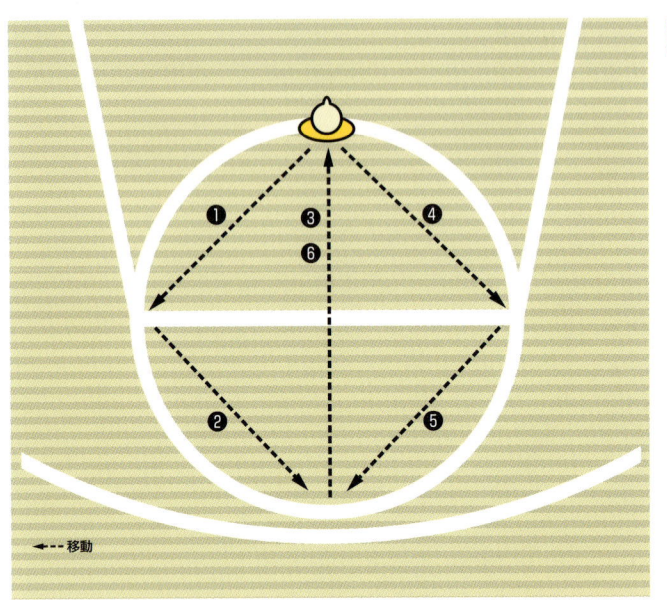

手順

①図のようにサークルの線上で基本姿勢をとる

②移動はすべてショルダーステップ。❶左斜め後ろ、❷右斜め後ろ、❸前、❹右斜め後ろ、❺左斜め後ろ、❻前という順番で進む

③一方向が終わったら、逆まわりも行う。また、図の❶、❷、❹、❺をクロスステップで移動するというメニューも行うとよい

← --- 移動

指導者MEMO

ショルダーステップをしながら方向転換をスムーズに行うためには、鋭く進行方向を切りかえる両足の運びに加えて、両手を使ってバランスを維持することもポイントになります。試合では鋭い方向転換が求められますが、動きに慣れるまでは、ゆっくり行うようにしましょう。

ワンポイントアドバイス

このドリルはセンターサークルやフリースローサークルを利用してよく行われますが、距離を広げていくことでスキルアップを図ることができます。ただし1つひとつの動きが疎かにならないように注意するようにしてください。

Basketball Column 06 ディフェンスは努力がそのまま試合に表れる

安定してシュートを決めることが難しいオフェンスとは対照的に、ディフェンスは練習を通じて培った技術や気持ちがそのまま表れるものです。それだけに、1試合を通してディフェンスをがんばり続けられる選手こそが、ヘッドコーチやチームメイトからの信頼を集めるのです。また、シュートが決まらない試合でもディフェンスを全力で行うことによって、自分のリズムを取り戻せることもよくあります。したがって試合に長時間出場できる選手は、ディフェンスをさぼらない選手だともいえるのです。

メニュー 078 ディフェンス

シュート、パス、ドリブルへの対応

レベル ★★
人数 2人〜
場所 どこでも可

ねらい
ボール保持者の動きに対応した、ディフェンス時の間合いのつめ方、手の置き方を覚える

基本形

ディフェンスは相手との間合いを保ち、基本姿勢をとる

ボール保持者がシュートの構えをしたら手をしっかりと上げる

ボール保持者がパスの構えをしたら、パスコースに手をおく

ボール保持者がドリブルの構えをしたら手を下げる

手順
① 2人1組で行う。1人がボールを持つ。もう1人はマークにつく
② ディフェンスは、ボール保持者の動きに対応する。シュート、パス、ドリブルの構えに対して、それぞれらを防ぐ体勢をとる

指導者MEMO
相手との間合いを保ち、シュート体勢に入ったらボールに手をかざし、相手がボールを下げてドリブルの体勢に入ったら手を下げる。そしてパスにも対応できるように手を伸ばしてパスコースを封じます。

ワンポイントアドバイス
シュート、パス、ドリブル、いずれにも対応できる間合いは「ワンアーム」、すなわち自分の腕の長さくらいとされています。これが狭いとドリブルで抜かれますし、広すぎるとシュートを打たれてしまうのです。

ディフェンス

メニュー 079 シグナルディフェンス

レベル ★★★☆☆
人数 2人〜
場所 どこでも可

ねらい ディフェンスにおける敏捷性を高めることがおもな目的。シグナルの送り手の動きに応じて、前後左右へと動く

基本形

1人はシグナル（合図）を送る役。そのほかの選手はディフェンスの基本姿勢をとる

シグナルの送り手が片手を上げたら、同じ向きに移動する

シグナルの送り手が両手を前に出したら、後ろに下がる

シグナルの送り手が両手を上げたら、前進する

手順

① 1人（コーチでもよい）はシグナル（合図）を送る役。そのほかの選手は、ディフェンスの姿勢をとる

② シグナルの送り手の合図に従い、左右前後のフットワークを瞬時に行う

指導者MEMO
ウォーミングアップにもなるディフェンス練習です。前後左右に動いているときもしっかりと顔を上げてディフェンスの姿勢を維持し、シグナルがかわったことを見逃さないようにしましょう。

ワンポイントアドバイス

合図に従って前後左右に動く敏捷性を身につける練習ですが、合図の数を増やすのも手です。たとえば笛なども交えて、笛を長く吹いたらルーズボールをイメージして飛び込むなど、工夫して行いましょう。

ディフェンス

メニュー 080 ルーズボールからの1対1

レベル ★★
人数 3人〜
場所 ハーフコート

ねらい ボールへとすばやく寄る動きを身につけるためのメニュー。ボールへの執着心も養うことができる

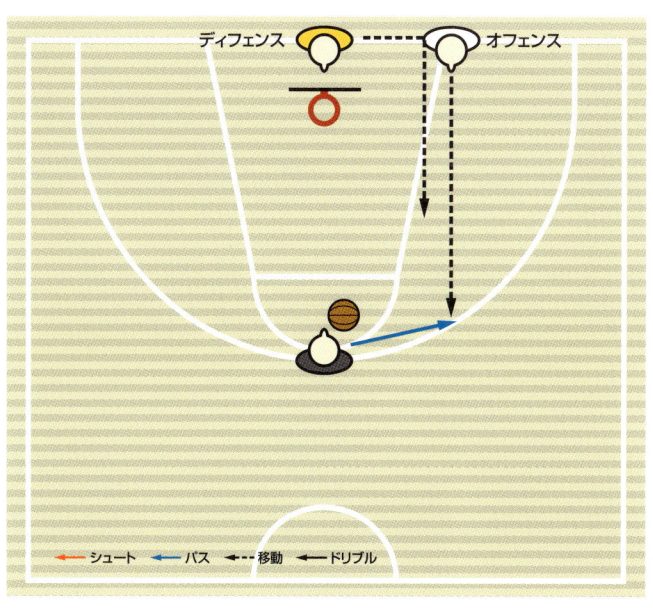

手順

① 1人(コーチでもよい)がトップからボールを転がす

② オフェンスが制限区域の角からスタートし、ディフェンスはゴール下からそこを経由してボールへと近づく

③ オフェンスはボールを拾ったらそのまま攻撃に移り(ゴールを狙い)、ディフェンスはそれを防ぐ

凡例: ←シュート ←パス ←移動 ←ドリブル

指導者MEMO

ボールがどちらの支配下にもない状態、すなわちルーズボールへの反応をすばやくすることも忘れてはいけません。このメニューで後追いするかたちとなるディフェンスには、状況をよく見ることも求められます。ルーズボールを拾えるチャンスがあれば、積極的に狙いましょう。

ワンポイントアドバイス

ルーズボールへの意識をより高める練習もあります。転がっているボールを2人が並走して奪い合ってから1対1へと切りかえるのです。そのような練習を通じて備わるボールへの執着心はディフェンスにも活かされるはずです。

Basketball Column 07 途中出場の選手に求められるのはシュート力とディフェンスのがんばり

試合途中からコートに送り出される選手は、6番目に出場することから「シックスマン(sixthman)」と呼ばれています。その選手には、劣勢にあるゲームの流れをかえる力が求められます。そのためにはシュートを確実に決めること。とくにタイムリーな3ポイントシュートはチームに勢いを吹き込みます。そしてもう1つ重要なのがディフェンスの頑張りです。シックスマンがディフェンスを頑張ることにより、チームメイトにディフェンスの大切さを思い出させることができるのです。

ディフェンス

メニュー 081　ボールを転がしてクローズアウト

レベル ★★★☆☆
人数 2人～
場所 ハーフコート

ねらい　クローズアウトとは、ディフェンスがオフェンスとの間合いを詰める動きのこと。このメニューはシュートを打つ選手に対して、いちはやく対応できるようになるためのもの

ディフェンスはベースライン上でボールを持ち、オフェンスはトップに立つ

ディフェンスはベースラインからオフェンスへとボールを転がし、すぐに走る

ディフェンスはオフェンスに近づいたら小刻みにステップを踏んでスピードを抑える

ディフェンスはシュートを防ぐためにしっかりと手を上げる

手順

① 2人1組で行う。ディフェンスがベースライン上でボールを持つ

② ディフェンスはトップにいるオフェンスにボールを転がす

③ オフェンスは転がってきたボールを拾ってシュート体勢に入る。ディフェンスはそれを防ぎにいく

指導者MEMO

遠くにいる相手選手がまさにシュート体勢に入っているとき、ディフェンスが最優先で考えるべきことは「シュートを打たせないこと」です。そのためにはすばやく駆け寄ることに加え、そのスピードを小刻みなステップで抑えながら近づくことがポイントになります。

ワンポイントアドバイス

たとえ相手がシュート体勢に入っても諦めてはいけません。ディフェンスが手をしっかりと見せることによって、相手は打ちづらくなります。このディフェンスの手は「ビッグハンド」と呼ばれています。

メニュー 082 ディフェンス

ウイングへのパスに対してクローズアウト

レベル ★★★
人数 3人〜
場所 ハーフコート

ねらい ウイングはシュートを打つ機会が多いポジション。すばやく対応して、そこからのシュートを封じる動きを身につける

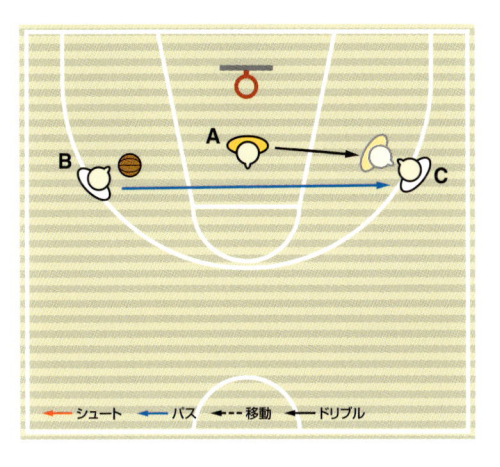

← シュート　← パス　←-- 移動　← ドリブル

手順

①図のような位置からスタート。BはCにパスを出す

②パスが出されると同時に、Aは動き出してCへと向かう

③Cはシュート体勢に入る。Aはそれを防ぎにいく

指導者MEMO ウイングでパスを受ける選手はシュート体勢に入り、ディフェンスがそれにきちんと対応する練習です。ディフェンスはシュートを抑えつつ、同時に相手がドリブルに転じるのにも対応できるようにしておく必要があります。

メニュー 083 ディフェンス

ドリブルからのクローズアウト

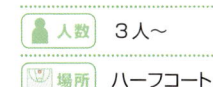

レベル ★★★
人数 3人〜
場所 ハーフコート

ねらい ヘルプディフェンス（マークしている相手を離れて一時的に味方のディフェンスを助けること）の基本を覚える

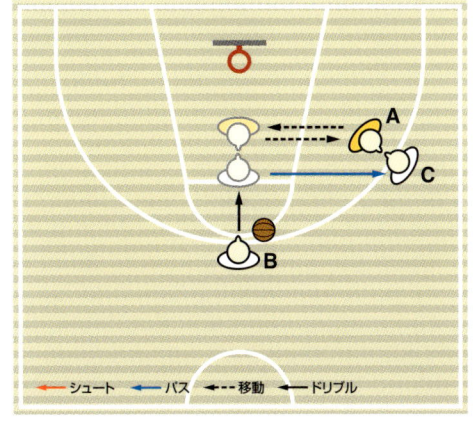

← シュート　← パス　←-- 移動　← ドリブル

手順

①図のような位置からスタート。Bがトップからドリブルする

②CをマークしていたAは、Bのドリブルに対応してとめに入る

③BはAが寄ってきたら、Cにパスを出す

④AはパスをうけたCのもとに戻り、ディフェンスする

指導者MEMO ドリブルをする選手がディフェンスを引きつけて出すパスのプレイは、「ペネトレイト」と呼ばれています。こうしたプレイに対してもディフェンスはクローズアウトの技術で対処する必要があります。相手の動作をよく見て、ディフェンスしましょう。

ディフェンスの基礎技術

技術解説 ディナイ

手
自分がマークしている相手にパスが通らないように、パスコースに手をかざす

距離感
相手との距離は、パスコースを防ぎつつ、マークする相手に裏をとられないように意識する

技術解説 パスを通されることを拒否する

　ボールを持っている選手に対してプレッシャーをかけることだけが、ディフェンスではありません。自分のマークしている選手にボールを渡らせないようにすることも、重要なディフェンスのテクニックです。

　とくにボール保持者の近くにいる相手をマークしているディフェンスは、裏をとられない（自分の後ろのスペースに走り込まれない）ようにしつつも、パスコースをしっかりと封じる必要があります。このディフェンスの姿勢は、パスを「拒否する」ことから、ディナイと呼ばれています。

　ディナイで大切なのが、まず距離感です。パスコースを封じることを意識するあまり、相手に近づきすぎないように気をつけましょう。また、相手のパスコースに手をかざすことも大切な基本になります。

▶▶▶ ディナイのポイント①

POINT 1

パスカットを狙いすぎて裏をとられないように要注意

裏をとられないように要注意

ボール保持者から自分がマークしている選手へのパスをカットするには、そのパスコースを封じる必要があります。とはいえ、パスカットを狙いすぎるあまり、自分がマークしている選手に近づきすぎて、裏をとられ、抜かれてしまっては元も子もありません。適切な距離感を常に意識しましょう。

▶▶▶ ディナイのポイント②

POINT 2

ゴール付近でのプレイに対しては、前に出てパスコースを封じる

ゴール付近では前に出る

ポストディナイとは、文字どおりポストマン（制限区域のライン上付近でプレイする選手）に対するディナイのこと。ゴールに近い位置でのプレイですので、パスが通ると得点につながる可能性が高くなります。そのため、できるだけタイトにマークするように心がけ、とくにローポストのようにゴールに近い位置であれば、相手の前に出てパスを防ぎます。

▶▶▶ ディナイのポイント③

POINT 3

相手の後ろについているだけでは、よいディフェンスとはいえない

後ろについているだけではNG

ディナイはパスコースを封じる姿勢であり、きちんとパスコースに手をかざすのが基本。とくにポストプレイのようにゴールに近いエリアでは、相手のシュートを意識するあまり、ゴールを背にしてマークしがちですが、それはNG。パスを簡単には通らせなくするのが、よいディフェンスなのです。

ディフェンス

メニュー 084 オフェンスの動きに対するディナイ

レベル ★★☆☆☆
人数 2人～
場所 ハーフコート

ねらい しっかりとディナイ（120ページ）をして、マークしている相手にボールを持たせないようにする

- ウイングにいるオフェンスに対して、しっかりとディナイの姿勢をとる
- ウイングにいるオフェンスはゴール下を通って、反対側に移動する 
- 移動中はマークしているディフェンスはもちろんのこと、トップにいるパスの出し手も意識する 
- オフェンスが反対側のウイングに移動したら、すぐに手を上げてディナイの姿勢をとる 

手順

① ディフェンス1人、オフェンス2人で行う。オフェンスのうち1人（コーチでもよい）がトップでボールを持ち、もう1人のオフェンスはウイング。ディフェンスはしっかりディナイする

② ウイングのオフェンスはゴール下を通って、反対側へと移動する。ディフェンスはしっかりとパスコース上に入りながらついていく

③ オフェンスが反対側のウイングに移動したら、ディフェンスはディナイする

指導者MEMO

オフェンスの動きにあわせて、つねにパスをカットできるように意識してついていきます。そしてオフェンスが止まったら、すぐに手を上げてパスコースを防ぐこと。手を上げることによって、パスの出し手がプレッシャーを感じて、迷いが生じることにつながります。

NG

マークする選手と、ボールとの間に手をかざすことが基本。相手から離れてしまうと、簡単にパスが渡ってしまいます。逆にパスコースに入ろうと前に出すぎると、裏のスペースに走り込まれてパスを許してしまうので注意しましょう。

ボールの位置に合わせたポストディナイ

メニュー 085

ディフェンス

レベル ★★

人数 4人〜
場所 ハーフコート

ねらい ゴールに近い位置にいるオフェンス（ポストマン）に
ボールが渡らないようにする動きを覚える

ディフェンスはトップからのパスがポストマンに
通らないようにディナイの姿勢をとる

トップからウイングにいる
オフェンスへとパスする

ディフェンスはウイングからのパスがポストマンに
通らないように、前に出てディフェンスする

オフェンスの前に出たままでは、ゴール方向に動いて
パスを通されるため、ディナイの姿勢に切りかえる

手順

① ディフェンス1人、オフェンス3人で行う。オフェンスのうち1人がトップ、1人がウイング、1人がローポストに入る。ディフェンスはポストマンをマークする

② トップにいるオフェンスがボールを持ちスタート。ディフェンスはしっかりとディナイの姿勢をとる

③ トップからウイングへとパスする。

④ ディフェンスは、ウイングからポストマンへのパスを防ぐようにディナイの姿勢を移行する

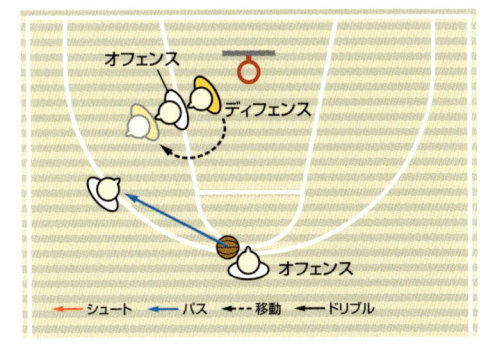

指導者MEMO ゴールにできるだけ近づいてパスを受けようとする相手に対してディフェンスは、体を接触させながらパスコースを抑えなくてはなりません。このようなコンタクト（接触）プレイを嫌がらず、強くプレイする気持ちがポストディナイにおいては欠かせません。

メニュー 086 ポストディフェンス

ディフェンス

レベル ★★☆☆☆
人数 2人〜
場所 ハーフコート

ねらい
ゴールに近い制限区域のライン付近で行う。
簡単にシュートを打たせないディフェンスの仕方を覚える

ゴールに近い制限区域のライン付近でのプレイ。オフェンス（白）の進入に対して、腕も使って接触しあう

オフェンスが自分の左側にターンしようとしたら、左に移動してしっかりつく

オフェンスが自分の右側にターンしようとしたら、右に移動してしっかりつく

オフェンスがシュートの体勢に入ったら、シュートコースを防ぐ

手順
① オフェンス（ポストマン）がボールを持ち、それに対してディフェンスは対応する
② シュートを狙うオフェンスに対して、ディフェンスはシュートを決めさせないようにする

指導者MEMO
ディフェンスは、自分がマークする選手にボールを持たせないことが原則ですが、たとえパスが渡っても集中をきらしてはいけません。腕も使いながら相手の侵入を防ぎ、シュート体勢に入らせないようにします。このように相手を抑える腕の置き方は「アームバー」とも呼ばれています。

ワンポイントアドバイス
ディフェンスがいくら頑張っても、ボールを持っている選手はシュートを打ってきます。大事なのはそれを完全に防ぐことではなく、シュート率を低下させることです。そのためにもシュート体勢に入る相手に対して、しっかりと自分の手、すなわち「ビッグハンド」をかざしましょう。

第5章
リバウンド
Rebound

リバウンドはバスケットボールならではの醍醐味。
「リバウンドを制するものは試合を制する」ともいわれています。
リバウンドに勝つためには、まずはよいポジションをとること。
それができれば、背が低い選手でもリバウンドに勝てるようになります。

リバウンドの基礎技術

技術解説 ブロックアウト

POINT 1 自分がマークしている相手の場所を把握する

相手の確認
シュートを打たれたら、すぐに自分がマークしている相手の位置を確認する

POINT 2 相手のゴール下への侵入を防ぐため、身体を密着させる

相手との距離
相手をつかまえたら、ゴール下に進入されないように相手との距離をつめて身体を密着させる

技術解説 相手をゴールに近づけないことを最優先する

オフェンスの手からシュートが放たれたとき、ディフェンスがマークする相手をゴールに近づかせないようにブロックするプレイのことを「ブロックアウト」といいます。ディフェンスリバウンドを確実にとるためには、ボールをとりにいくよりも前に、まず相手をゴールに近づかせないことを最優先に考えなくてはいけません。たとえ自分でボールをとられなくても、ほかの選手がボールをとる可能性もあります。そのように全員がブロックアウトを強く意識することにより、チームとしてリバウンド力を高めることができるわけです。

POINT 3 相手をブロックしたまま、ターンして相手に背を向ける

身体の向き
自分がリバウンドをとれるように、身体を密着させたままターンしてゴール方向を向く

POINT 4 相手のゴール下への侵入をブロックする

体勢
なんとかしてゴール下に侵入しようとする相手に対して、身体全体を使ってゴールに近づけないようにする

STEP BY STEP Basketball

ブロックアウトのコツ
ポジショニングを常に意識する

　ブロックアウトしようとする相手の身長が自分よりはるかに高い、もしくはジャンプ力に秀でているような場合には、相手を背にするのではなく、正対してブロックアウトする方法もあります。相手と正対することによって、より確実に相手のゴール下への侵入を防ぐというわけです。この場合は、自分もリバウンドをとりに行きにくくなるため、ほかの味方にとってもらうことが多くなります。どのようなブロックアウトを行うにせよ、ディフェンスをする際には、適切なポジションをとり、常にボールを視野に入れて状況に応じた判断をすることが重要です。

リバウンドの基礎技術

技術解説 ボースハンドリバウンド

相手の確認
シュートを打たれたら、すぐに自分がマークしている相手の位置を確認して相手との距離を縮める

体勢
相手に身体を寄せて腰を落とし、相手の侵入を防ぐ

POINT 1 自分がマークしている相手との距離を縮める

POINT 2 身体全体を使って相手のゴール下への侵入を防ぐ

技術解説 両手でボールをがっちりとりにいく

シュートが放たれてからブロックアウトに成功したとき、または相手がリバウンド体勢に入っていないときは、確実にリバウンドをとることができます。そういう場面では、ボースハンド(両手)でボールをとりにいき、空中でがっちりとボールをキープします。

さらに、リバウンドは、ボールをとったら終わりというわけではありません。着地した瞬間、ボールを奪おうと狙っている相手もいるので安易にボールを下げず、ボールを動かしながら高い位置でボールをキープするように心がけましょう。

タイミング
ジャンプの頂点で両手でボールに触れる

ボールの位置
着地後はボールを下げない。基本的には胸より上でがっちりボールをキープする

POINT 3 ボールの行方を見極めてジャンプし、両手でボールをとりにいく

POINT 4 着地したらボールを奪われないようにしっかりとキープする

STEP BY STEP
Basketball

ワンポイントアドバイス
リバウンドの重要性

　バスケットボールでは、「リバウンドを制する者がゲームを制する」とよくいわれます。リバウンドを確実に自分たちのものにすると、攻撃回数を増やせますし、また、チームメイトがシュートミスしてもリバウンドでフォローすることで、ミスを帳消しにすることもできるわけです。そしてシュートを打つ選手にとってみれば、「チームメイトがリバウンドをとってくれる」という安心感を持つことで、自信を持ってシュートを打つことができます。だからこそリバウンドの技術をおろそかにはできないのです。

リバウンドの基礎技術

技術解説 # ワンハンドリバウンド

体勢
シュート後にはすぐに相手をつかまえて、ゴール下への侵入を防ぐ

タイミング
できるだけ高い位置である、ジャンプの頂点でボールに触れる

技術解説 より高いところでボールに触れる

　シュートが放たれた瞬間に、うまくブロックアウト（126ページ）しきれないで相手とリバウンドを競り合うとき、または相手もリバウンドに飛び込んでくるような場面では、ワンハンド（片手）でボールをとるテクニックが求められます。

　ワンハンドには、ボースハンド（両手）よりも高いところでボールに触れられるというメリットがある一方、片手であるぶん、ボールをとった直後に相手に奪われやすいという一面もあります。したがって、ボールに触れてからは、すばやくもう一方の手をボールへと持っていき、できるだけ高い位置で両手でキープすることが大切なポイントとなります。

　また、ボールを一度のタッチでうまく身体に引き寄せられない場合には、連続でジャンプして空中で何度かボールに触れ、自分がとりやすい位置にボールを運ぶというテクニックが必要になることもあります。状況に応じた対応を心がけましょう。

▶▶▶ ワンハンドリバウンドのポイント①

POINT 1 ボールをとったあとは高い位置でボールをキープする

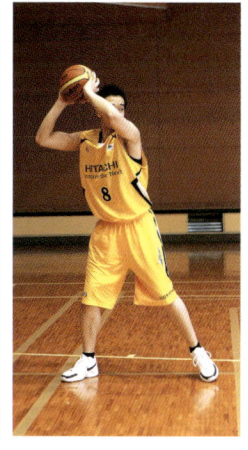

👉解説 着地後は高い位置でキープ

　ボールをコントロールすることができたら、すばやく身体へと引きつけ、高い位置でボールをキープします。胸より上が基本であり、場合によっては頭より高い位置でボールを持ちます。その際には顔は上げてまわりの状況をよく見ることが重要なポイントになります。

▶▶▶ ワンハンドリバウンドのポイント②

POINT 2 ボールを下げると相手に奪われる可能性が高くなる

NG

👉解説 安易にボールを下げない

　ワンハンドリバウンドとボースハンドリバウンドの両方に共通していえることですが、リバウンドをとったあとは、安易にボールを下げないこと。状況にもよりますが、ボールを下に持っていくと、その隙を狙われてボールを奪われる可能性が高くなります。

STEP BY STEP Basketball
リバウンドをとるために必要なもの
シュートを打ったらリバウンドに

　身長が高ければ、それだけでリバウンドがとれるわけではありません。リバウンドをとるためには、「絶対にとるんだ」という気持ちの強さや、ボールがどこに落ちるかを読む力も必要になります。また、見落としがちなのが、シュートを打った本人がオフェンスリバウンドに飛び込むプレイです。ほかの選手のリバウンドに頼ってしまいがちですが、はずれたボールがどこに落ちるかは、シュートを打った本人が一番よくわかるはず。それだけにリバウンドに加わる姿勢は大切にしなければいけません。

メニュー 087 — リバウンド
頭上にボールを上げてキャッチ

レベル ★★☆☆☆
人数 1人〜
場所 どこでも可

ねらい　場所を問わず、1人で行えるメニュー。ジャンプの頂点でボールをつかみ、すばやく引きつけるというリバウンドの感覚をつかむ

手順

① ボールを頭上に投げ上げる

② ジャンプして頂点でボールに触り、すばやく胸元に引きつける

指導者MEMO　普段の練習、または試合前にリバウンドの基本を確認しておくことは大切です。自分だけでリバウンドの感じをつかんでおくだけでも、いいウォーミングアップになります。ボールを速く引きつけることを意識しましょう。

メニュー 088 — リバウンド
背中や肩で押しあう

レベル ★★☆☆☆
人数 2人〜
場所 どこでも可

ねらい　リバウンド争いで勝つためには、激しい当たりに負けないことが条件となる。まずは、ボールがない状況でコンタクト（接触）プレイに慣れる

手順

① 2人1組で行う。お互いに背中や肩で押しあう

ボールを持たず2人1組になり、お互いに背中や肩で押しあう

指導者MEMO　コンタクトプレイで相手より優位に立つためには、重心を低くして、身体全体をうまく使うことがポイントになります。また、相手とのぶつかりあいから逃げない強い気持ちも欠かすことはできません。

メニュー 089 その場でボールを上げて奪いあう

リバウンド

- レベル ★★
- 人数 3人〜
- 場所 どこでも可

ねらい
ジャンプのタイミングや身体の使い方を覚えるために地面にバウンドさせたボールを2人で空中で奪いあう

3人1組で行う。1人がボールを持ち、ほかの2人が対面して立つ

ボール保持者は2人の間でボールを大きくバウンドさせる

2人はできるだけ高い位置でボールに触れられるようにタイミングをはかる

ジャンプしてボールを奪いあう

手順
① 3人1組で行う。1人がボールを持ち、ほかの2人は対面して立つ
② ボール保持者は2人の間で大きくバウンドさせる
③ 落下してくるボールを2人で奪いあう

指導者MEMO
コンタクトプレイに慣れてきたら、より実戦的な練習を通じてリバウンド力を高めていきます。2人で争うなかで双方ともにボールを空中でとられず、ボールがフロアを転がるかもしれませんが、そうしたルーズボールにもすばやく反応してとること。ボールへの執着心もこの練習で養いましょう。

ワンポイントアドバイス
1対1のような対人の練習ではとりわけ、集中をきらさないようにしましょう。気を抜くとケガにつながりやすいからです。リバウンドではとくに着地した瞬間、相手の足の上に乗ってネンザなどにつながるケースも多いので注意しましょう。

メニュー 090 リバウンド

サークル ブロックアウト

レベル ★★☆☆☆
人数 2人～
場所 ハーフコート

ねらい リバウンドを奪うためには、相手をゴールに近づけないことが基本。サークルの中央に置いたボールを守ることによって、そのための駆け引きに勝つ動きを覚える

2人1組で行う。サークルの中央に置かれているボールに対して、1人が触ろうとし、もう1人がブロックアウト（126ページ）してボールを守る

手順

① 2人1組で行う。サークルの中央にボールを置く

② 1人がブロックアウトして相手の侵入を防ぎ、もう1人がボールに触ろうとする

指導者MEMO
ボールを守る側の選手は、とにかく相手をボールに近づけないように意識すること。両腕とスタンスを広げながら相手を背中で抑えるようにします。一方、サークルの中央に置かれたボールをとりにいく選手は、それをすり抜けてボールに触ろうとします。

NG
双方がコンタクトプレイを展開するなかで手を不用意に使わないように注意しましょう。手で相手の動きを止めようとしたり、押したりするとファウルにつながる可能性が高まってしまいます。

リバウンド

メニュー 091 シューターへのブロックアウト

レベル ★★
人数 2人～
場所 ハーフコート

ねらい たとえシュートを打たれても集中を切らさず、ブロックアウト（126ページ）の体勢に入る習慣を身につける

2人1組で行う。ディフェンスがオフェンスにパスを出しスタート

オフェンスはボールを受けたらすぐにシュート。ディフェンスはそれを防ぎにいく

シュート後ディフェンスはすみやかに体を寄せてブロックアウトの体勢をとる

ディフェンスは、ボールをとりにいこうとする相手のゴール下への侵入を防ぎつつ、ボールをとりにいく

手順

① 2人1組で行う。まずはディフェンスがオフェンスにパスをする

② オフェンスはボールを受けたらすぐにシュート。ディフェンスはそれを防ぎにいく

③ シュート後、ディフェンスはすぐにブロックアウトの体勢をとる。その後も相手のゴール下への侵入を防ぎつつ、ボールをとりにいく

指導者MEMO 試合を想定して、シュートを打つ場所はゴール下、ミドルレンジ、3ポイント、いろいろな距離で行いましょう。

ワンポイントアドバイス

リバウンド争いを行ったあと、そのまま1対1に移行してもよいでしょう。リバウンドをとった選手がそのままシュートに持ち込みます。

メニュー 092 タップ

リバウンド

レベル ★★★★☆
人数 3人〜
場所 ゴール下

ねらい ジャンプの頂点でボールに触る感覚をつかむ。ウォーミングアップの一環としてチーム全体でも行える

ゴール前に1列に並ぶ。先頭の選手はバックボードから跳ね返ったボールに触り、着地せずそのままボールをバックボードにぶつけ、列の後ろにまわる。次の選手もそれを繰り返す

手順

① ゴール前に列をつくる

② 最前列の選手がバックボードにボールをぶつける。その後、列の後ろに並ぶ

③ 次の選手から順々に空中でボールをバックボードにぶつけていき、ボールを落とさないようにする

指導者MEMO
ボールを落とさないように継続するには、ボールを空中でとらえるタイミングに加え、ジャンプ力や体幹など体力面の強さも求められます。ボールを持ったまま着地してしまってもがっかりせず、すばやくジャンプして続けるようにしましょう。

ワンポイントアドバイス
3人以下の少人数で行う場合には、バックボードにぶつけたボールをとったあと、一度着地してからもう一度ジャンプしてバックボードにぶつけていく方法もあります。こうした練習を通じてジャンプ力も養われることでしょう。

リバウンド

メニュー 093 ジャングルドリル

レベル ★★★
人数 3人～
場所 ゴール下

ねらい ゴール下の込み合った状況で、リバウンドを奪い、すみやかにシュートにつなげる。遊び感覚で楽しみながら行うことができる

手順

① 3人もしくは4人1組で行う

② コーチがわざとシュートをはずして、参加者がリバウンドを争う

③ リバウンドをとった選手は、ほかの選手をかわしてシュートを打つ。誰かのシュートが決まるまで行う

最初のシュートをわざとはずしてからは、参加者それぞれのボールの奪いあい。ボールをとったら、すかさずシュート。誰かのシュートが決まるまで行う

指導者MEMO ボールの跳ね返り方や体の使い方を覚えていくことで、リバウンドをとる感覚が身につくでしょう。

メニュー 094 2対2のブロックアウト

レベル ★★★
人数 4人～
場所 ハーフコート

ねらい より試合に近い状況でリバウンド力を高める

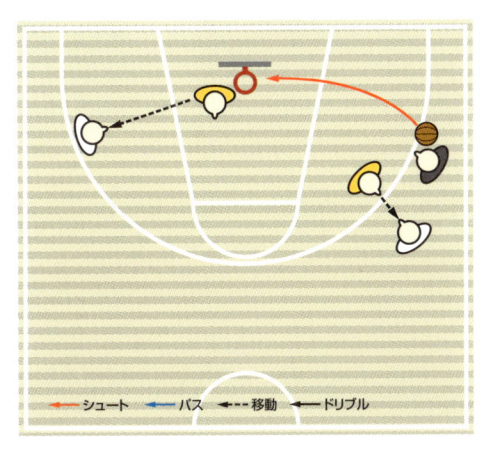

手順

① 4人で行う。コーチはボールを持ち、ほかの4人は図のように2対2の体勢をとる

② コーチはわざとはずれるようにシュートを打つ

③ リバウンドを争う。ディフェンスの2人はブロックアウトをして、相手にボールをとられないようにする

シュート　パス　移動　ドリブル

指導者MEMO 2対2のなかで1対1を2組作り、シュートを打つサイドすなわちボールサイドのブロックアウトと、逆サイドすなわちヘルプサイドのブロックアウトを覚える練習です。とくにマークする選手が離れているケースが多い、ヘルプサイドのブロックアウトでは相手をいかに早くつかまえるかがポイントになります。

リバウンド

メニュー 095 バックボード＆リングタッチ

レベル ★★☆☆☆
人数 1人〜
場所 ゴール下

ねらい リバウンドに必要となる、ジャンプ力を養う

手順

① ゴール下からできるだけ高くジャンプする

② バックボード（可能であればリング）に触って着地する

ゴール下で、できるだけ高くジャンプする

ボードに触れる。片足で踏みきるジャンプも練習したい

指導者MEMO

ジャンプする方法には、両足同時に踏みきる跳び方と、片足で踏みきる方法があります。試合ではどちらの跳び方も必要となるので、高く跳ぶ感覚を覚えておきましょう。

ワンポイントアドバイス

ジャンプ力を高めるには、下半身の筋力に加え総合的な体力が必要です。しかし成長期にある選手に過度のトレーニングを課すとケガにつながる危険性があるので注意しましょう。

第6章
個人技を磨く1対1
One on One

バスケットボールはチームスポーツながら、
個々の選手の1対1が強くなければ、試合に勝てません。
そのためにはいかに相手を出し抜くか。
緩急をつけたプレイを心がけましょう。

個人技を磨く1対1の基礎技術

技術解説 ミートアウト

POINT 1

動きはじめはゴールに近い位置から。ボール保持者はドリブルしてパス出しの用意

ポジション
ゴールに近い位置からアウトサイドに移動するタイミングをはかる

POINT 2

相手を引き離してパスを受けるために、すばやくアウトサイドに移動する

動き出し
ボール保持者がドリブルを止めたら、すぐに外へと動く

技術解説 アウトサイドに動いてボールを受ける

パスを受けてオフェンスの姿勢に入る動作を「ボールミート」といいます。そして、シュートやパス、ドリブルなどのボールを使った技術を活かすうえで、このボールミートをいかにスムーズに行えるかが大きな鍵を握っています。

なかでも、アウトサイドに出てきてパスを受けるボールミートは試合でよく使われ、「ミートアウト」と呼ばれています。動き出すタイミングは、ボール保持者がドリブルを止めたらすぐ。また、パスを受けたら、すみやかにゴールに対して正対します（体を正面に向けます）。すばやい動きを心がけましょう。

POINT 3 相手との距離が離れたところでパスを受ける

ストップ
ボールを受けたあとは、すぐに次の動作に移れるようにしっかりと止まる

POINT 4 ターンをして、身体をゴールに向ける

受けたあとの動き
ターン後は、すぐにまわりの状況を確認する。ディフェンスが離れていたらシュートが第一選択肢

STEP BY STEP Basketball
ボールを受けたあとの動き
状況に応じてステップを使いわける

　ボールミートには大きくわけると、2つの方法があります。左右交互に足を着地させるストライドストップと、両足同時に着地させるジャンプストップです。ストライドストップには、走ってきたそのままの流れでボールを受けられるというメリットがあり、ジャンプストップには、パスを受けてから軸足を決められるというメリットがあります。自分をマークしているディフェンスの状況に応じて、それらのステップを使いわけましょう。

ボールキープ

メニュー 096

基本姿勢から
ボールを動かす

レベル ★☆☆☆☆
人数 2人〜
場所 どこでも可

ねらい ボールを両手で持った基本姿勢から何にでも転じられる体勢を覚える

腰を落として視線を上げ、基本姿勢をとる

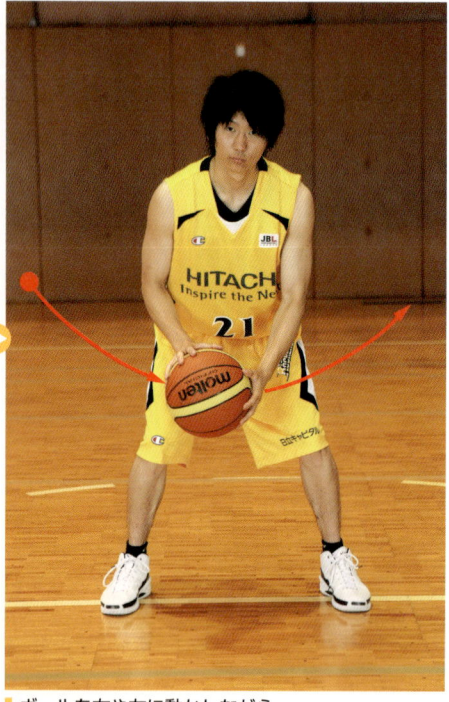

ボールを右や左に動かしながら姿勢を確認する

手順

① ボールキープ時の基本姿勢をとる

② そこからボールを右や左に動かし、姿勢を確認する

指導者MEMO

ボールを保持しているときの姿勢は、どのプレイにも転じられる体勢をとることが基本です。具体的には、下半身は肩幅よりやや広めに両足を広げ、ヒザは適度に曲げます。そして、視線を上げて、ボールはすぐに動かせるようにしっかり持ちます。ボールを右や左へと動かして、しっかりとこの姿勢を確認しましょう。

ワンポイントアドバイス

この姿勢は「トリプルスレット」とも呼ばれています。ちなみに、プロの選手でも、ボールを持って構える姿勢には個性があり、人によって違います。それは、シュートに持ち込む方法やフォームが人によってかわるからです。とはいえ、やはり基本は大切。まずは、この姿勢をきちんと身につけましょう。

| ボールキープ | レベル ★★ |

メニュー 097 ピボットフット

人数 1人～
場所 どこでも可

ねらい ディフェンスに奪われないように、ボールを持った基本姿勢からの軸足を基点とした動きを身につける

基本形

ボールを持ち、ボールキープ時の基本姿勢をとる

一方の足を軸足にして、もう一方の足を動かしながら身体の向きをかえる

大きく踏み出すことも、試合で役立つ足運びの1つ

軸足を浮かせないように気をつけて、後ろを向く

手 順

①ボールを持ち、ボールキープ時の基本姿勢をとる

②一方の足を動かさずに軸足とし、もう一方の足を動かして身体の向きをかえる

指導者MEMO
ボールを保持している際に、フロアに付けておく足を「軸足」といい、自由に動かせる足は「フリーフット」と呼ばれています。軸足を基点にフリーフットを自在に動かすことにより、効果的なオフェンスを展開することが可能となります。

ワンポイントアドバイス
ディフェンスがつき、ボールを持っている選手の動きに合わせて対応すると、試合の感覚が養われます。さらにゲームライクにしていくのなら、そのまま1対1へと移行します。オフェンスとディフェンス、交互に行いましょう。

シュート

メニュー 098 キャッチ&ショット

レベル ★★

人数 3人～
場所 ハーフコート

ねらい ディフェンスから離れるように動き出してパスを受け、そこからシュートに持ち込む

手順

① シュートを打つオフェンス（A）、ディフェンス（B）、パス出しの選手（コーチでもよい）の3人で行う

② Aは外へと動き出し、パスを受けて、そのままシュートを打つ。Bはシュートを防ごうとする

ディフェンス（B）はシュートを打つオフェンス（A）をマーク

Aは外へと動き出し、パスを受ける

Aはパス受けたら身体をゴールに対して正面に向けて、シュート体勢に入る

Aは高い打点でジャンプシュート。Bは防ぎにいく

指導者MEMO パスを受けたら、ボールを下げずにシュートに持ち込むように心がけましょう。パスを受けた体勢からボールを下げてしまうと、ワンテンポ遅れてしまうことになり、ディフェンスに対応されやすくなってしまいます。

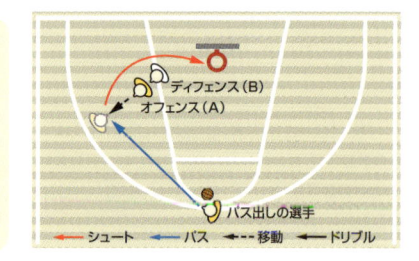

← シュート　← パス　←-- 移動　← ドリブル

ドリブル&シュート

メニュー 099 キャッチ&ドライブ

レベル ★★
人数 3人〜
場所 ハーフコート

ねらい
ディフェンスから離れるように動き出してパスを受け、そこからドリブルで相手をかわしてシュートに持ち込む

シュートを打つオフェンス（A）は外へ動いてパスを受ける（Bはディフェンス）

Bはプレッシャーをかけようと前に出る

AはBとの間合いを確認し、ドリブルでかわす

Aはそのままレイアップシュートに持ち込む

手順
① シュートを打つオフェンス（A）、ディフェンス（B）、パス出しの選手（コーチでもよい）の3人で行う

② Aは外へと動き出し、パスを受ける

③ Aはパスを受けたあと、ドリブルでBをかわし、そのままシュートを打つ

指導者MEMO
ボールを持っているとき、ディフェンスとの間隔が離れているならシュート、逆に近い場合にはドリブルで相手を抜いてからシュートチャンスをつくるのがオフェンスの基本です。1歩目を大きくし、強いドリブルで一気に抜きましょう。

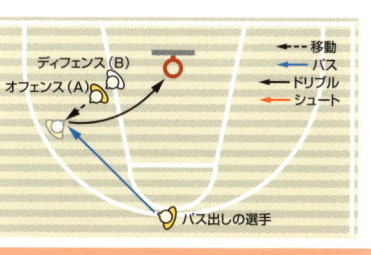

ディフェンス（B）
オフェンス（A）
パス出しの選手

←-- 移動
← パス
← ドリブル
← シュート

NG
ディフェンスを抜くときのドリブルが弱いと、ボールに少し触れただけでとられてしまいます。強いドリブルで相手に触らせないように心がけましょう。

ドリブル&シュート

メニュー100 ステップバック

レベル ★★★★☆
人数 3人〜
場所 ハーフコート

ねらい ディフェンスから離れるように動き出してパスを受ける。そこからドリブルでかわすふりをして後ろに下がり、相手との距離を離してからシュートに持ち込む

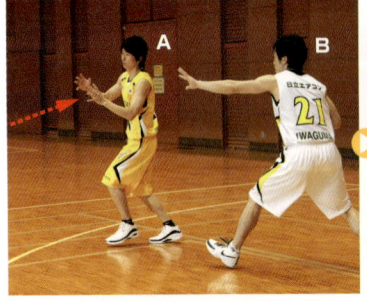

シュートを打つオフェンス（A）は、外へと動いて、パスを受ける（Bはディフェンス）

Bはドリブルを止めようとコースに入る

AはBのマークをはずすため、ドリブルしながら後ろにステップする

AはBとの距離ができたら、すかさずシュートを打つ

手順

① シュートを打つオフェンス（A）、ディフェンス（B）、パス出しの選手（コーチでもよい）の3人で行う

② Aは外へと動き出し、パスを受ける

③ AはドリブルでBをかわそうとし、Bはそれについていく

④ Aはドリブルの途中で、後ろに大きくステップを踏み、Bを引き離す

⑤ AはBとの距離があいたら、すみやかにシュートを打つ

指導者MEMO

後ろに大きくステップを踏むと、身体のバランスが崩れてしまいがちです。そして、バランスが崩れたままシュートに持ち込むと、狙いを定めるのが難しくなります。したがってステップバックしてもバランスを崩さないうまさと、体力的な強さが求められます。

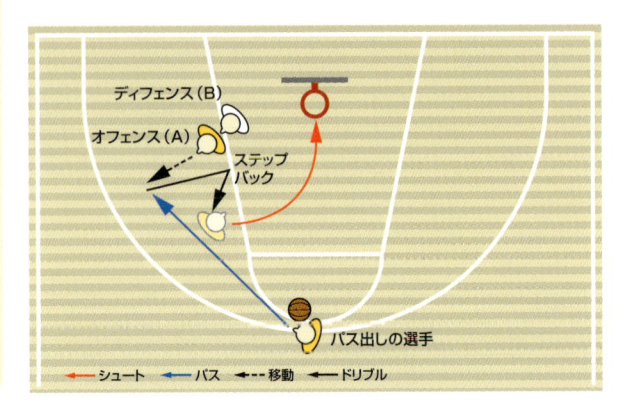

→ シュート　→ パス　--→ 移動　→ ドリブル

メニュー 101 フェイク&ゴー

ドリブル&シュート

レベル ★★★★
人数 3人〜
場所 ハーフコート

ねらい
ディフェンスから離れるように動き出してパスを受ける。
そこからドリブルの緩急をつけて相手をかわし、シュートに持ち込む

シュートを打つオフェンス（A）は、外へと動き出し、パスを受ける（Bはディフェンス）

AはドリブルでBをかわそうとするが、マークをはずすため、一度スピードを落とす

AはBもスピードを落としたら、急にスピードをあげて振りきる

AはBを振りきったら、そのままシュートに持ち込む

手順

① シュートを打つオフェンス（A）、ディフェンス（B）、パス出しの選手（コーチでもよい）の3人で行う。はじめる位置は左のメニューと同じ

② Aは外へと動き出し、パスを受ける

③ AはドリブルでBをかわそうとし、Bはそれについていく

④ ドリブルの途中でスピードを落とす。Bもそれに対応する

⑤ ドリブルのスピードを急にあげて、Bをかわす。その後シュートを打つ

指導者MEMO
1対1のオフェンスで、ディフェンスに勝つためには、スピードの緩急も重要なポイント。この練習でも、スピードを落とし（一度そこで止まり）、そこからスピードを上げる際の緩急の差を大きくすることにより、ディフェンスが対応しにくくなります。

ドリブル&シュート

メニュー 102 リバースピボット

レベル ★★★
人数 3人～
場所 ハーフコート

ねらい ディフェンスから離れるように動き出してパスを受ける。そこからリバースピボットで反転して相手をかわし、シュートに持ち込む

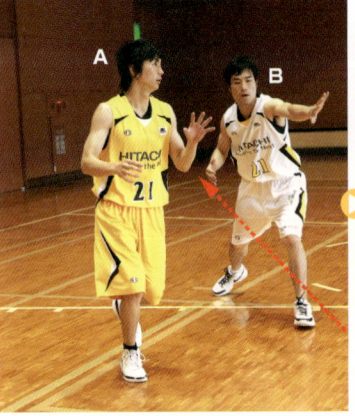

シュートを打つオフェンス（A）は、外へと動いて、パスを受ける（Bはディフェンス）

AはBに対して半身に構える

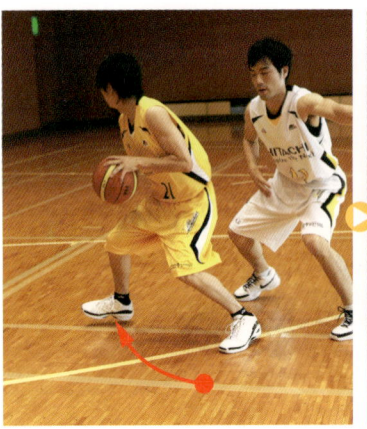

AはBに近いほうの足を軸に、向いていたほうとは反対側にターンする

AはBをかわしたら、そのままシュートを打つ

手順

① シュートを打つオフェンス（A）、ディフェンス（B）、パス出しの選手（コーチでもよい）の3人で行う

② Aは外へと動き出し、パスを受ける

③ Aはパスを受けたら、Bに対して半身に構える

④ AはBに近いほうの足を軸に、向いていたほうとは反対側にターンする

⑤ AはBをかわしたら、そのままシュートを打つ

指導者MEMO とくにボールを受ける際に、より強いプレッシャーをかけてくる相手に有効。最大のポイントは、軸足を動かさないように注意して、すばやく反転することです。さらにバランスが崩れないようしてシュートに持ち込むことも大切です。

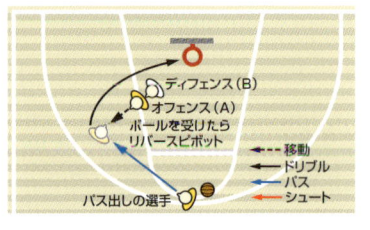

ディフェンス（B）
オフェンス（A）
ボールを受けたらリバースピボット
パス出しの選手

--→ 移動
→ ドリブル
→ パス
→ シュート

ドリブル&シュート

メニュー 103 ジャブステップ

レベル ★★★
人数 3人～
場所 ハーフコート

ねらい
ディフェンスから離れるように動き出してパスを受ける。
そこからジャブステップ（1歩踏み出して、その踏み出した足を引き戻す動き）で、相手との距離をつくり、シュートに持ち込む

シュートを打つオフェンス（A）は、外へと動き出し、パスを受ける（Bはディフェンス）

AはBに対して正対し、片足を大きく踏み出す

AはBが対応して下がったら、片足をすばやく引き戻す

AはBとの距離があいたら、そのままシュートを打つ

手順

①シュートを打つオフェンス（A）、ディフェンス（B）、パス出しの選手（コーチでもよい）の3人で行う。はじめる位置は左のメニューと同じ

②シュートを打つ選手は外へと動き出し、パスを受ける。その後、ディフェンスに対して正対する

③片足を大きく踏み出す。すばやくその足を引き戻す、シュートを打つ

指導者MEMO
軸足をフロアから離さず、もう一方の足をうまく使うフェイクです。なお、メニュー98～103は、同じ動き出しからのバリエーションです。基本的に難易度順に紹介していますので、レベルに合わせてじょじょにステップアップしていきましょう。

NG
パスを受けてから最初のステップの幅が狭いとディフェンスが引っかからず、逆にステップが広すぎると自分の体のバランスが崩れてしまいます。したがって、フリーフットを引き戻す際にバランスをキープできるくらいの幅が適切といえます。

個人技を磨く1対1の基礎技術

技術解説
インサイドの1対1の駆け引き

両手
両手を上げて相手をブロックしつつ、パスの出し手にパスコースを示す

体勢
足を開き気味にするなど身体全体をうまく使って相手を封じ込める

技術解説 ## 身体全体で相手をブロックする

　当然のことながら、シュートはゴールとの距離が近いほど成功率が上がります。それだけにインサイド(ゴールが近いエリア)では、相手はボールを持たせないように厳しくディフェンスしてきます。

　そこで必要になるのが、身体全体でブロックしながらボールを受ける技術。両手を上げてパスカットを狙っている背後のディフェンスの動きを封じながら、パスの出し手にパスコースを示します。

▶▶▶ インサイドの1対1の駆け引きのポイント①

POINT 2

しっかりと身体を密着させてボールを呼び込む

解説 身体をうまく使う

パスを出させまいとするディフェンスをブロックするためには、相手にしっかりと身体を密着させることが重要なポイントになります。そのための方法の1つが、相手のモモにお尻をのっけるようなイメージで接触すること。身体をいかにうまく使うかが、インサイドでの駆け引きでは鍵を握ります。

▶▶▶ インサイドの1対1の駆け引きのポイント②

POINT 2

ボールを受けたら相手から遠い位置でキープする

解説 ボールをしっかりとキープする

インサイドの選手は、パスを受けたら自分をマークしている相手から遠い位置でしっかりとキープして、まわりの状況を確認します。そして、自分をマークしている相手との距離が離れていればシュート、フリーの味方がいればパスと、すみやかに次のプレイに移行することを心がけます。

▶▶▶ インサイドの1対1の駆け引きのポイント③

POINT 3

出し手はバウンズパスなどの状況に応じたパスを使いわける

解説 パスの種類を工夫する

インサイドでの1対1の駆け引きに勝つためには、インサイドの選手に対して、どのようなパスを出すかも重要です。よく使われるのが、足元のパスコースを狙うバウンズパスと味方の頭上へのパスです。出し手は確実にパスが通るように、状況に応じたパスを使いわけましょう。

ドリブル&シュート

メニュー 104 パワードリブル&フックシュート

レベル ★★☆☆☆
人数 2人〜
場所 ゴール下

ねらい ゴールに近い位置で行う。強めにボールをつき、そのバウンドの勢いを利用してフックシュートにつなげる

手順

① ゴールに近い、制限区域のライン上付近からスタートする1対1。まずはオフェンス（A）はドリブルをしながら様子をうかがう（Bはディフェンス）

② Aはタイミングを見て、強めにボールをつき、ディフェンス側の足を力強く踏み出す

③ Aは身体でディフェンスをブロックしながら、地面からバウンドしてきたボールの勢いを利用して、流れるようにフックシュートを打つ

ゴール近くでの1対1から。まずはオフェンス（A）がドリブル（Bはディフェンス）

Aはタイミングを見て、強めにボールをつき、ディフェンス側の足を力強く踏み出す

Aは身体でBをブロックしながらフックシュートへ

地面からバウンドしてきたボールの勢いを利用して流れるようにシュート

指導者MEMO ゴール近辺でボールをつく場合、自分をマークする選手だけでなく、そのほかのディフェンスもボールをとろうと手を出してきます。それだけに低く強いドリブルが欠かせなくなってきます。

ドリブル&シュート

メニュー 105 リバースターンからのシュート

レベル ★★★
人数 2人〜
場所 ゴール下

ねらい ゴールに近い位置で行う。ドリブルをしながらリバースターン(反転)で相手をかわしてシュートに持ち込む

手順

① ゴールに近い、制限区域のライン上付近からスタートする1対1。まずはオフェンス(A)はドリブルしながら様子をうかがう(Bはディフェンス)

② Aはタイミングを見て、リバースターンをする

③ AはBをかわしたら、そのままシュートを打つ

ゴール近くでの1対1から。まずはオフェンス(A)がドリブル(Bはディフェンス)

軸足

Aはタイミングを見て、リバースターンをする

Aがメインの練習なので、Bは必要以上にマークしない

AはBをかわしたら、そのままシュートへ

指導者MEMO

ゴール下でシュートへと持ち込む前に、気をつけたいのがターンするタイミングです。とくに相手が自分より身長が高い場合にはマークをはずせないとシュートを決めにくいもの。そこで、ディフェスに読まれないようにうまくターンする技術が求められます。

メニュー 106 ドリブル&シュート

クロススクリーンからの1対1

レベル ★★☆☆☆
人数 3人〜
場所 ゴール下

ねらい クロススクリーンとは、制限区域を横切って行われるスクリーンプレイのこと。その動きを覚えるとともに、スクリーナーがディフェンスにまわることで、そのまま1対1の練習へと移行する

オフェンス（A）とスクリーンをかけたあとにディフェンスになる選手（B）は写真の位置からスタート

Bはゴール下付近に移動し、Aはそのすぐ横を通り抜ける

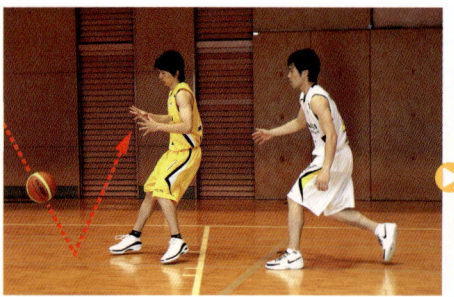

移動後、Aはタイミングよくパスを受ける

Bがディフェンスにまわり、そのまま1対1をはじめる

手順

①シュートを打つオフェンス（A）、スクリーンをかけたあとにディフェンスになる選手（B）、パス出しの選手（コーチでもよい）の3人で行う。AとBは写真の位置からスタート

②Bはゴール下付近に移動する

③Aはスクリーンを利用するイメージで、Bのすぐ横を通り抜ける

④移動後Aはパスを受ける。Bはディフェンスにまわり、1対1をはじめる

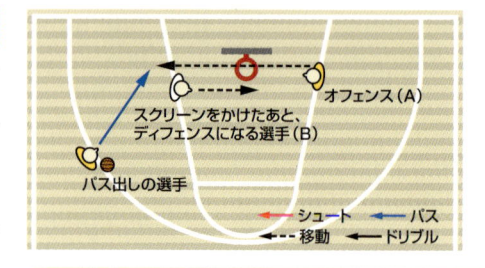

指導者MEMO ゴール下でパスを受けるためには、動くことも重要。練習を通じて、動いてパスを受ける習慣を身につけましょう。

第7章
連係プレイ
Team Work

連携プレイを覚えるためには、
まずは2対2できっちり攻められるようになること。
スクリーンプレイなどを駆使しながら、
オフェンス時には必ずシュートまで持ち込むことを目指します。

連係プレイの技術解説

技術解説 オンボールの2対2

POINT 1 ボール保持者はまわりを見ながらしっかりボールをキープする

ボール保持者
フリーの選手がいたらすばやくパスを出せるように、常にまわりを見ておく

POINT 2 ボール保持者は局面を打開するためにドリブルで移動

ドリブル
ドリブル中でも顔を上げて、まわりの状況を確認しておく

技術解説 チームメイトと息を合わせる

1対1でオフェンスを仕掛ける積極性はとても大切です。しかし、ディフェンスにしっかりとマークされている場合などではチームメイトと協力してオフェンスを組み立てないと、なかなか得点することができません。
チーム全体でのオフェンスの組み立て方を身につけるためには、まずは2対2でのボールの動かし方を覚えると次のステップに移りやすくなります。その代表的なものが、ここで紹介する「ドリブル・フォロー」。ドリブルしながらタイミングをはかるというプレイを通じて、2人のタイミングを意識してみましょう。

POINT 3
もう1人のオフェンスは、ボール保持者がいたポジションに鋭く移動する

パスの受け手
ボール保持者がドリブルを止めたら、自分のマークをはずすように、鋭く空いたスペースに移動する

POINT 4
パスを受けたらゴールのほうを向き、すみやかに次の動作に移る

受けたあとの動き
パスを受けたら、すぐにゴール方向を向くのが基本。ボールを受ける前に相手の状況を確認しておきたい

STEP BY STEP
Basketball

オンボールの2対2のポイント
空いたスペースに走り込んでパスを受ける

　この動きはオンボールの2対2における、もっとも基本的なパターンの1つ。試合では、常にスペースの意識を持つことが大切ですが、このパターンでは、ボール保持者がドリブルで移動し、その空いたスペース（もともとボール保持者がいたスペース）を利用するというわけです。パスを受ける選手には、フリーでボールを受けるために、鋭い動き出しや、一度ゴール方向に向かうなどの工夫が要求されます。動きの感覚を身につけるまでは、ゆっくり行うようにするとよいでしょう。

連係プレイ

メニュー 107 ボールサイドカット

レベル ★★☆☆☆
人数 4人〜
場所 ハーフコート

ねらい ゴールに向かって走り込みながらパスを受け、そのままシュートに持ち込む動きを身につける。このようにディフェンスの前を走る動きは、「ボールサイドカット」と呼ばれている

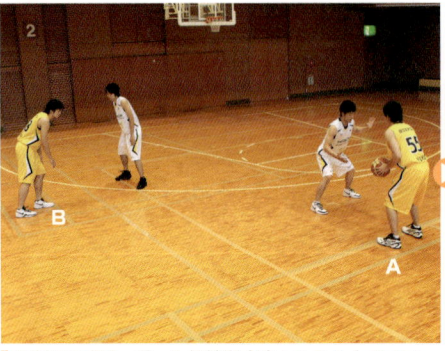

2対2で行う。ボール保持者（A）ともう1人のオフェンス（B）、ディフェンスは写真のような配置でスタート

Aはドリブルで右に移動。その後、マークをはずすためにL字形に動いてきたBへパスを出す

AはBにパスを出したら、すぐに自分をマークしているディフェンスの前を走る

AはBからのリターンパスを受けて、そのままシュートを打つ

指導者MEMO バスケットボールでは、パスを出したら立ち止まらず、動くことが基本です。たとえパスを受けられなくても、自分がいたスペースにほかの選手が走り込んで攻撃を展開できます。練習でも、パスした直後の動きをしっかりと意識しましょう。

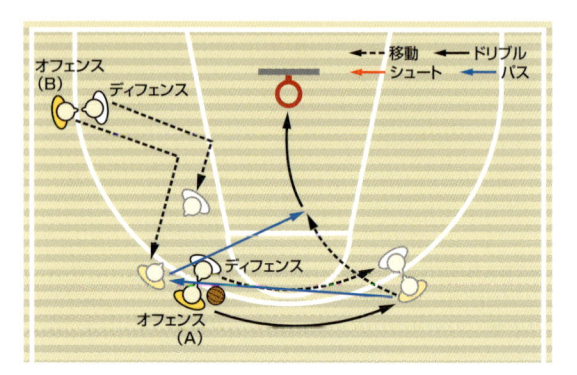

移動　ドリブル
シュート　パス

オフェンス（B）
ディフェンス
オフェンス（A）

158

連係プレイ

メニュー 108 ブラインドカット

レベル ★★
人数 4人〜
場所 ハーフコート

ねらい 左のメニューのように「ボールサイドカット」しようとしたとき、ディフェンスが走り込むのを抑えこんできたときに効果的な動き。ディフェンスの背後のスペースをつくように走り込む

① 2対2で行う。ボール保持者（A）ともう1人のオフェンス（B）、ディフェンスは写真のような配置でスタート

② AはBにパスを出し、自分をマークしているディフェンスの背後を走る

③ Aはゴール方向に走り込みながらリターンパスを受ける。Bはタイミングや強さをうまく調整する

④ AはBからのリターンパスを受けたら、そのままシュートを打つ

指導者MEMO
ボールサイドカットと見せてブラインドカットに転じる。またはディフェンスがブラインドカットを警戒したら、ボールサイドカットに。そうやってディフェンスとの駆け引きを進めることによってノーマークの状態をつくることができます。

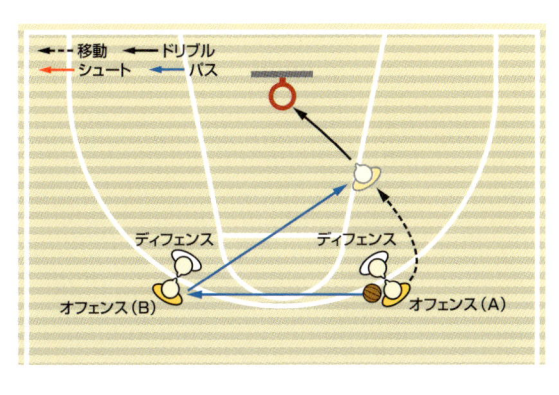

凡例：移動／ドリブル／シュート／パス／ディフェンス／オフェンス(B)／ディフェンス／オフェンス(A)

連係プレイ

メニュー 109 ウイング同士の合わせ

レベル ★★★☆☆
人数 4人〜
場所 ハーフコート

ねらい ウイング同士のコンビネーションで得点する動きを覚える。ボール保持者がドリブルでディフェンスをかわそうとし、ほかのディフェンスが寄ってきたところに、フリーになった味方にパスを出し、その味方がそのままシュートを打つ

2対2で行う。ボール保持者（A）ともう1人のオフェンス（B）、ディフェンスは写真のような配置でスタート

Aはドリブルでディフェンスを抜きにかかる。もう1人のディフェンスが近づいてきたら、パスを出す

Bはあらかじめ、パスを受けやすく、かつシュートを打ちやすいポジションに移動しておき、パスを受ける

Bはパスを受けたら、すかさずシュート。パスを出されたディフェンスは、すぐにマークにいく

指導者MEMO
ボールを持っている選手がアクションを起こしたとき、ほかの選手はどこに動けば効果的かを考えることが大切です。そして、パスを合わせるタイミングが試合でもスムーズに行くように、練習で繰り返しておくことが欠かせません。また、同時にドリブルで相手をかわしたあとの連携も確認しておきましょう。

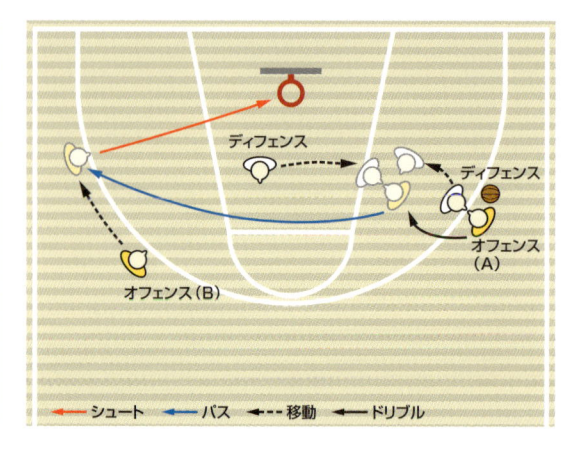

← シュート　← パス　←-- 移動　← ドリブル

連係プレイ

メニュー 110 ウイングとポストマンの2対2

レベル ★★★
人数 4人～
場所 ハーフコート

ねらい ポストプレイを利用して得点するための、もっとも基本的な動きを覚える。ウイングからポストマンにパスを出し、ポストマンがターンやステップを駆使してディフェンスをかわし、シュートを打つ

2対2で行う。ボール保持者（A）ともう1人のオフェンス（B）、ディフェンスは写真のような配置でスタート

Aはタイミングを見て、Bにパスを出す

Bはボールを受けたら、状況に合わせたターンやステップを駆使してゴールを狙う

Bはディフェンスをかわしたらすみやかにシュートを打つ。

指導者MEMO ポストマンへパスを出す際には、バウンズパスが基本とされています。パスを受けるタイミングをはかりやすいからです。パスの出し手は、ディフェンスがどのように対応しているかを確認してパスを出すように心がけましょう。

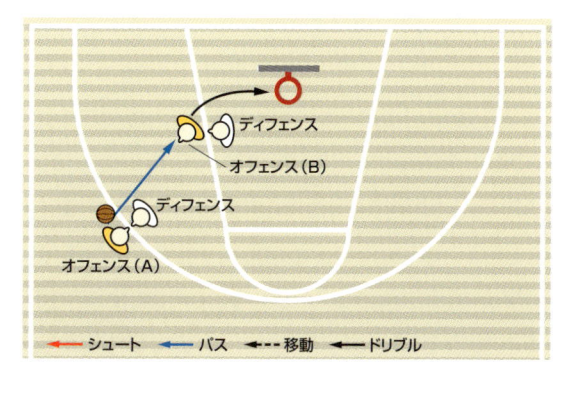

← シュート　← パス　←-- 移動　← ドリブル

メニュー 111 インサイドアウト

連係プレイ

レベル ★★★★★
人数 4人〜
場所 ハーフコート

ねらい ウイングとポストマンのコンビネーションによって得点する動きを覚えるためのメニュー。インサイドからのパスをアウトサイドで受け、そのままシュートに持ち込む

ボール保持者（A）ともう1人のオフェンス（B）、ディフェンスは写真のような配置でスタート。AはBにパスを出す

ディフェンスは1対2の状況をつくるためにBにチェックにいく

Aは移動してBからのリターンパスを受ける

Aはパスを受けたらすみやかにシュートを打つ

指導者MEMO

アウトサイドからシュートを打つ選手にとってインサイドからのパス、すなわち正面からくるパスはシュートに持ち込みやすいといわれています。それだけにポストマンがパスを展開する、この「インサイドアウト」は重要なプレイです。インサイドからボールを受ける際には、試合を想定してしっかりと動いておくように意識しましょう。

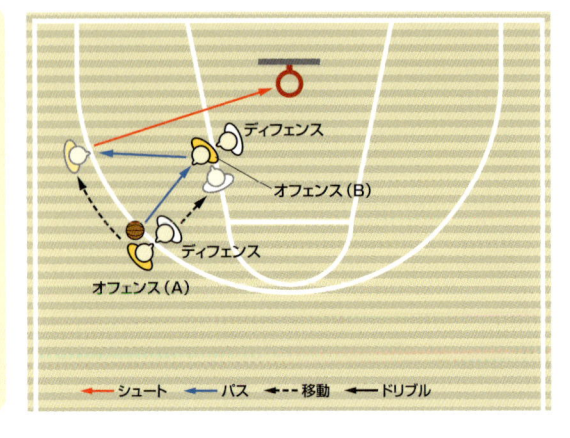

← シュート　← パス　◀--- 移動　← ドリブル

メニュー 112 連係プレイ
ポストマンのスペーシング

レベル ★★★
人数 4人～
場所 ハーフコート

ねらい 左のメニューと同様に、ウイングとポストマンのコンビネーションによって得点する動きを覚えるためのもの。ゴール下へと切り込む仲間のために、ポストマンがスペースをあける

2対2で行う。ボール保持者（A）ともう1人のオフェンス（B）、ディフェンスは写真のような配置でスタート

Aはドリブルで自分のマークを抜きにかかる

BはAのためにスペースを空ける

AはBが空けてくれたスペースを通り、そのままシュートに持ち込む

指導者MEMO
ガードやフォワードがウイングからドリブルでなかへときりこんで止まり、センターがアウトサイドにポジションをとると、ポジションチェンジのような格好となります。全員がオールラウンドのプレイを覚えておくことで、こうした状況を有効に活かすこともできるのです。

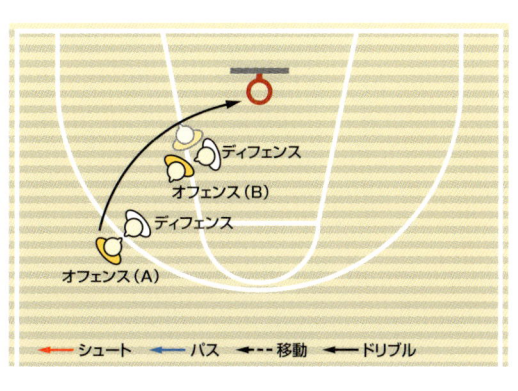

← シュート　← パス　←-- 移動　← ドリブル

連係プレイ

メニュー 113 ハイ・ロー

レベル ★★★☆☆
人数 4人〜
場所 ハーフコート

ねらい ハイポスト（フリーライン付近）からローポスト（ゴールに近い制限区域のライン上付近）にパスを通し、そのままシュートに持ち込む

オフェンス（A、B）、ディフェンス、パス出しの選手（コーチでもよい）は、写真のような配置でスタート

Aがハイポストに移動し、パスを受ける

Aはハイポストでパスを受けたら、状況を見てBにパスを出す

Bはローポストでパスを受けたら、すみやかにシュートに持ち込む

指導者MEMO
2人のポストマンを有効に使うオフェンスだけに、高さのある選手が何人かいるチームに効果的な攻撃法です。そのようなチームは繰り返し練習をし、しっかりと動きを身につけましょう。また、このメニューとは逆に、ローポストからハイポストへとさばく「ロー・ハイ」というプレイも試合では有効です。

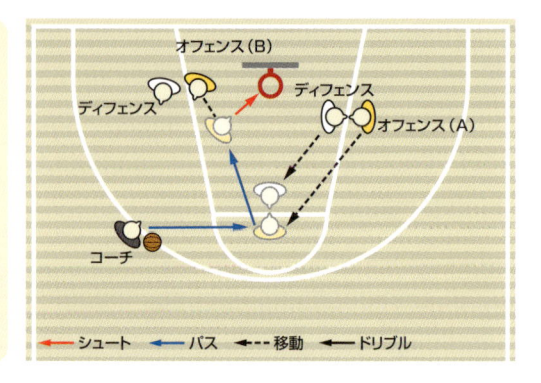

← シュート　← パス　← 移動　← ドリブル

連係プレイ

メニュー 114 パワードリブルに合わせる

レベル ★★★
人数 4人〜
場所 ハーフコート

ねらい
ポストマンがドリブルしたとき、とくに狙い目となるのがディフェンスが2人で対応しようとした場合。その場合は必ず、ディフェンスがマークしきれていないオフェンスがいるので、その選手を活かした得点パターンを覚える

2対2で行う。ボール保持者（A）ともう1人のオフェンス（B）、ディフェンスは写真のような配置でスタート

Aはパワードリブルで、シュートに持ち込もうとする

Bは自分のマークがはずれたらインサイドのスペースに飛び込む

インサイドでパスを受けたら、そのままシュートを打つ

指導者MEMO
別のバージョンとして、最初のボール保持者のドリブルの方向をベースライン側にするというものもあります。その場合も、もう1人のオフェンスは、自分のマークがはずれたら空いたスペースに動き出し、パスを受けるようにします。どちらの動きもできるように練習しましょう。

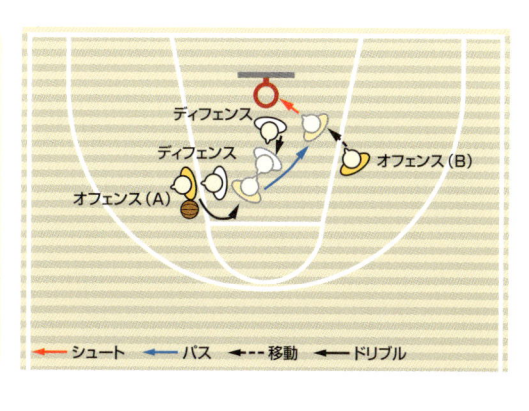

← シュート　← パス　←-- 移動　← ドリブル

連携プレイの技術解説

技術解説 スクリーンプレイ

ユーザーのディフェンス
スクリーンプレイを使われても、そのままついていくのが望ましい

スクリーナー
「ついたて」のようになって、ディフェンスの動きを止める役割の選手

スクリーナーのディフェンス
状況によっては、マークする相手をユーザーにかえることもある

ユーザー
スクリーンを使うオフェンス側の選手。この写真では、矢印のほうに動くと自分のディフェンスのマークをはずせる

技術解説 2対2の攻撃に欠かせないプレイ

「スクリーンプレイ」とは、スクリーン（ついたて）のように相手が進もうとしているコースに立ちふさがり、行くてを遮るプレイです。このプレイは、2対2、ひいてはチーム全体でのオフェンスの組み立てにおいて欠かせないものです。

スクリーナーとなる選手はスタンスを大きくとり、ディフェンスの動きをしっかりと食い止められるように力強く構えることが大切です。そして、一度スクリーンをセットしたら動かないこと。相手の動きに合わせてスクリーンの位置をずらすと、自分（オフェンス側）のファウルになる場合があるので注意しましょう。

▶▶▶ スクリーンプレイのポイント①（オンボール）

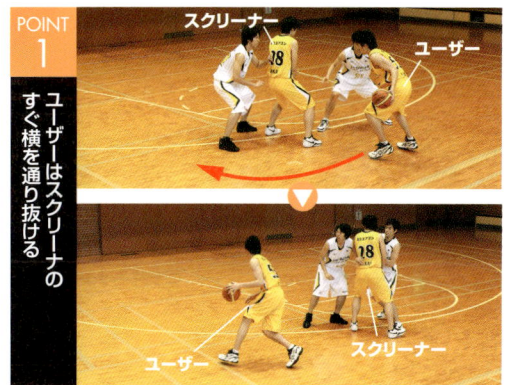

POINT 1 ユーザーはスクリーナーのすぐ横を通り抜ける

解説 スクリーナーのすぐ横を抜ける

スクリーンを利用する際、ユーザーはスクリーナーのすぐ横を抜けるように動きます。これは確実に自分をマークしている相手をスクリーナーにひっかけるため。

また、スクリーナーの姿勢は、腕を身体のほうへと引き付けて、腰を落とすのが基本です。腕で相手を捕まえるとファウルになってしまいます。

▶▶▶ スクリーンプレイのポイント②（オフボール）

POINT 2 ボールがないところでも、スクリーンを使うとフリーになれる

解説 スクリーンプレイをいろいろな場面で活用する

駆け引きが必要なのはボールがあるサイドだけではありません。ボールがないサイド、すなわち「オフボール」でも、フリーでパスを受けられるようにさまざまな工夫が求められるのです。なかでも、有効なのがスクリーンプレイ。ボールがあるサイドの状況を把握しつつ、スクリーナーはユーザーがどのタイミングで、そしてどこでフリーになろうとしているのかを見定め、ユーザーはスクリーンがセットされるタイミングをみはからってアクションを起こさなければいけません。

STEP BY STEP Basketball

オフボールの動き
ボールを持っていなくても集中力を切らさない

バスケットボールの試合では、1人の選手がボールを持っている時間はごくわずかです。したがってボールを持っていないときに、スクリーンプレイなどを駆使して、どれだけ効果的な動きをできるかがチームオフェンスの成否に大きく関わってきます。オフボールでは集中を切らしがちですが、そこで怠けてしまうようでは一流の選手にはなれません。しっかりとバスケットボールポジション（26ページ）をとって、チームの勝利に役立つプレイを心がけましょう。

連係プレイ

メニュー 115 ピックスクリーン

レベル ★★★★☆
人数 4人～
場所 ハーフコート

ねらい もっともベーシックなスクリーンプレイの動きを覚えるためのメニュー。ボール保持者はスクリーンを利用して自分のマークをはずしてシュートを打つ

ユーザー（A：ここではボール保持者）に対して、スクリーナー（B）が近づく

BはAをマークしているディフェンスにスクリーンをかける

Aはスクリーンを利用して、自分のマークをはずす

Aはフリーになったところで、シュートを打つ

指導者MEMO

スクリーンプレイにおいて、もっとも大事なことは、スクリーンを使う選手、すなわちユーザーがディフェンスすれすれを通ることです。お互いがこすれ合うように動くことから、「ブラッシング」とも呼ばれる基本です。練習時から、すれすれに動くように心がけましょう。

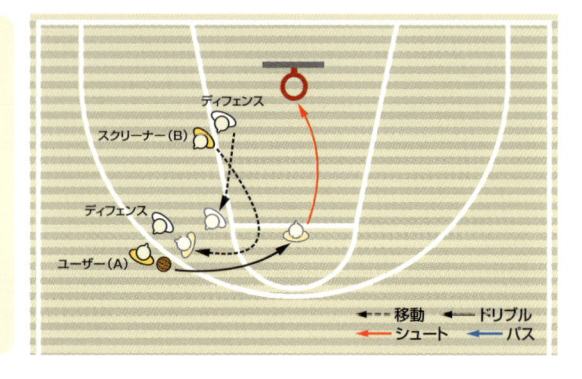

←--- 移動　←--- ドリブル
←--- シュート　←--- パス

連係プレイ

メニュー 116 ピック&ロール

レベル ★★★★★
人数 4人〜
場所 ハーフコート

ねらい 左のメニューの発展形。ピックスクリーン（168ページ）をしたときに、ディフェンスがユーザーを抑えにくることがあるが、その場合にスクリーナーがゴール方向に走り、パスを受けてシュートにつなげる

ユーザー（A:ここではボール保持者）はスクリーナー（B）がセットしたスクリーンを利用してマークをはずす

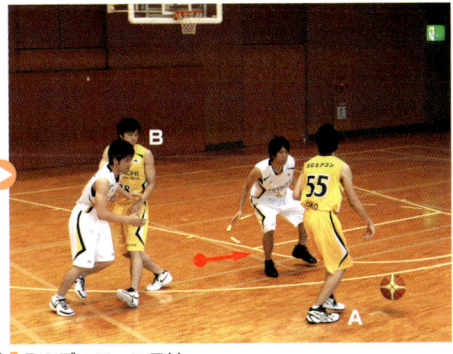

Bのディフェンスは、マークする相手をかえてAにつく

Bはディフェンスの動きを見て、ゴールへと走る

Bはパスを受けて、そのままシュートする

指導者MEMO スクリーンプレイをする際には、ユーザーもスクリーナーも、視野を広く保つことがポイント。自分をマークしている以外のディフェンスの動きも意識し、つねに全体的な状況を把握するように心がけましょう。それができてはじめて、ディフェンスの対応をかわせるようになるものです。

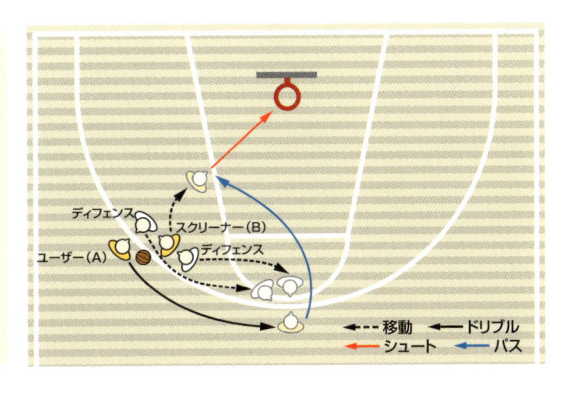

←-- 移動　← ドリブル
← シュート　← パス

連係プレイ

メニュー 117 ピック&ポップ

レベル ★★★★★
人数 4人〜
場所 ハーフコート

ねらい ピック&ロール（169ページ）を行うと、往々にしてディフェンスはゴール下を警戒する。そこで、スクリーナーはミドルレンジに移動して、フリーでシュートを打つ

| ユーザー（A：ここではボール保持者）はスクリーナー（B）がセットしたスクリーンを利用して移動 | 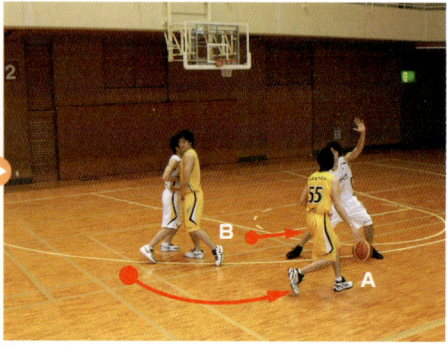 Bのディフェンスは、マークする相手をかえてユーザーにつく |

| Bはディフェンスの動きを見て、ミドルレンジなどのあいたスペースへと動く | Bはパスを受けて、そのままシュートする |

指導者MEMO
このメニューの発展形として、パスを受けてシュートに持ち込む際にディフェンスが前に出てきたら、それをフェイクで一度かわしてからシュートに持ち込む練習もしておきましょう。このようにプレイの幅を広げていくことにより、得点できる可能性がより高くなっていきます。

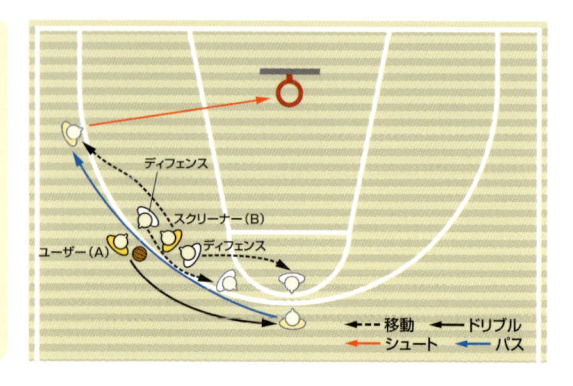

‐‐‐ 移動　← ドリブル
← シュート　← パス

連係プレイ

メニュー 118 リ・ピック

レベル ★★★★★
人数 4人～
場所 ハーフコート

ねらい スクリーンがうまく決まらなかった場合に、再度ピックスクリーン（168ページ）をかけてシュートへとつなげる

スクリーナー（B）は、ユーザー（A：ここではボール所持者）のディフェンスにスクリーンをかけにいく

Aはスクリーンを利用してドリブルで移動。ディフェンスもついていく

Bはすみやかにターンをして、再度スクリーンをかけにいく

Aはふたたびスクリーンを利用。フリーになったらシュートを打つ

指導者MEMO スクリーナーは、二度目のスクリーンを仕掛けるために、一度目のスクリーンが終わったら、すみやかにターンしましょう。

ワンポイントアドバイス

試合の残り時間が少ないときなど、どうしてもシュートに持っていかなくてはならない場面があります。そうした状況では、リ・ピックを使うことがよくあります。

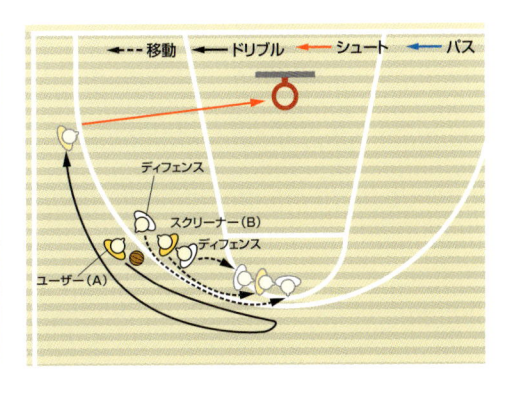

--- 移動 ← ドリブル ← シュート ← パス

ディフェンス
スクリーナー（B）
ディフェンス
ユーザー（A）

連携プレイ

メニュー 119 ピックとは逆にドライブイン

レベル ★★★★☆
人数 4人～
場所 ハーフコート

ねらい スクリーンを使ったオフェンスパターンを増やすためのメニュー。スクリーンに対応しようとするディフェンスの裏をかき、ボール保持者がスクリーンを利用しないでシュートに持ち込む

スクリーナー（B）は、ユーザー（A：ここではボール保持者）のディフェンスに近づく

Aのディフェンスは、Bのスクリーンを意識して、それに対応しようとする

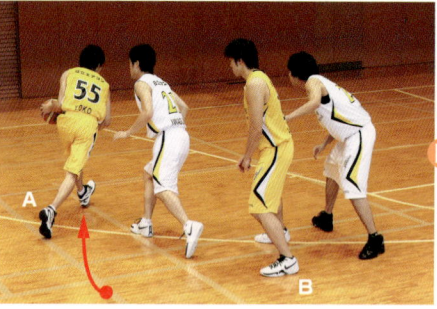

Aはディフェンスの裏をかき、Bのスクリーンを利用せずにインサイドへときりこむ

Aはディフェンスのマークがはずれたら、そのままシュートに持ち込む

指導者MEMO

スクリーンプレイで攻撃する狙いを、ディフェンスも読んで対応してくるものです。そこで、その裏をかいて、行動できるようになると攻撃の幅が広がります。

ワンポイントアドバイス

2対2の駆け引きを優位に進めるには、チームメイトとの意思の疎通をはかることが大切です。オフェンスはアイコンタクトして（目を合わせて）タイミングをはかること。一方のディフェンスは声を出して連係をはかることが欠かせません。

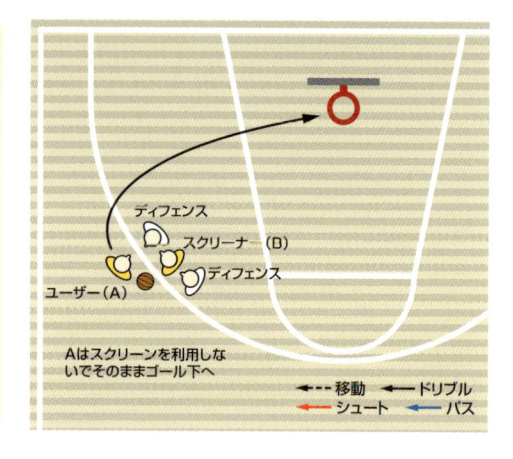

Aはスクリーンを利用しないでそのままゴール下へ

◀--- 移動　◀--- ドリブル
◀--- シュート　◀--- パス

連係プレイ

メニュー 120 スリップ

レベル ★★★★☆
人数 4人〜
場所 ハーフコート

ねらい 左のメニューと同様に、ディフェンスの裏をかく動き。スクリーナーがスクリーンとして利用される前にゴール方向に動いてシュートに持ち込む

スクリーナー（B）は、ユーザー（A：ここではボール保持者）のディフェンスにスクリーンをかけにいく

ディフェンスの隙をつき、Bはゴール下へと移動する。その後パスを受けてシュートに持ち込む

手順

① 2対2で行う。ピックスクリーン（168ページ）のように、3ポイントライン付近のユーザー（A：ここではボール保持者）に対して、スクリーナー（B：ここではもう1人のオフェンス）はAのディフェンスにスクリーンをかけにいく

② Bはディフェンスの対応の隙をつき、スクリーンとして利用される前にゴール下へと移動する。その後、パスを受けてシュートする

指導者MEMO

ユーザーだけではなく、スクリーナーもディフェンスの状況を把握しておくことで、攻撃のバリエーションを増やしていくことが可能です。とくにゴールの近くに潜り込むタイミングを失わないようにしましょう。

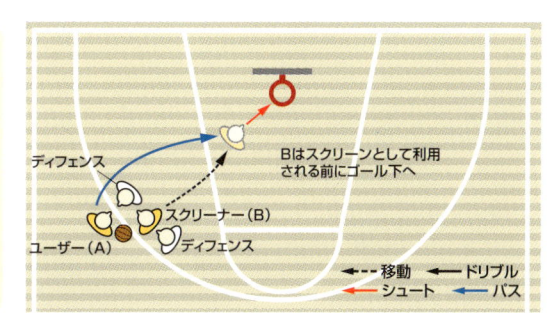

Bはスクリーンとして利用される前にゴール下へ

ユーザー（A）　スクリーナー（B）　ディフェンス

--- 移動　← ドリブル
← シュート　← パス

連係プレイ

メニュー 121 トレイルプレイ

レベル ★★★☆☆
人数 4人～
場所 ハーフコート

ねらい スクリーンプレイの一種。パスを出したあと、受け手をスクリーナーとして利用して動き、手渡しパスからシュートに持ち込む

ユーザー（A：ここではボール保持者）は、ハイポストのスクリーナー（B）へパスを出す

Aはパスを出したら走り出し、Bからボールを手渡しで受ける

ディフェンスはBが邪魔になり離される

Aはフリーになったら、すかさずシュートを打つ

指導者MEMO ピックスクリーン（168ページ）やピック&ロール（169ページ）のようにボールを持っている選手がユーザーになるだけでなく、スクリーナーがボールを持つケースもあります。このプレイでは確実に手渡しパスを成功させることがポイントになります。

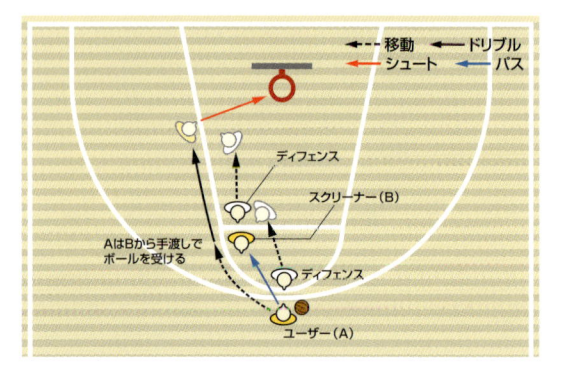

移動 ドリブル
シュート パス

ディフェンス
スクリーナー（B）
AはBから手渡しでボールを受ける
ディフェンス
ユーザー（A）

連係プレイ

メニュー 122 トレイルプレイからドライブイン

レベル ★★★★
人数 4人～
場所 ハーフコート

ねらい
左のメニュー「トレイルプレイ」からのアレンジ。スクリーナーは手渡しパスをするふりをしてマークをはずし、自らゴール下へと向かいシュートに持ち込む

ユーザー（A：ここではボール保持者）は、ハイポストのスクリーナー（B）へパスを出す

Aはパスを出したら走り出し、Bからボールを手渡しで受けるふりをする

ディフェンスはAにつられる。Bはゴールに向かってきりこむ

Bはディフェンスをふりきったらすかさずシュートを打つ

指導者MEMO
ユーザー、スクリーナーともにディフェンスの動きをしっかりと把握し、意思の疎通をはかることが大切です。また、2対2から3対3へと人数を増やしながら行うと、さらに3人目のオフェンスにパスを出すという選択肢ができ、よりオフェンスのパターンを増やせます。

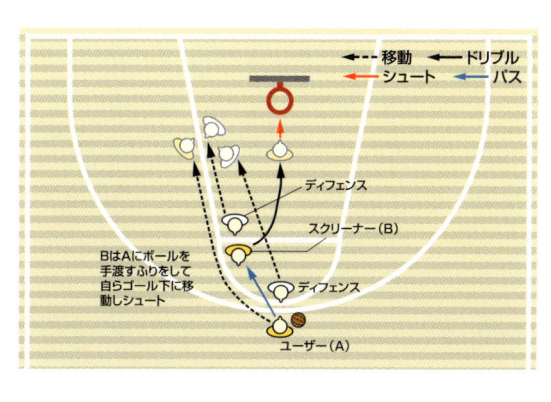

←--- 移動　　←--- ドリブル
←--- シュート　←--- パス

ディフェンス
スクリーナー（B）
BはAにボールを手渡すふりをして自らゴール下に移動しシュート
ディフェンス
ユーザー（A）

連係プレイ

メニュー 123 ダウンスクリーン

レベル ★★★☆☆
人数 4人〜
場所 ハーフコート

ねらい オフボール（ボールから離れた位置）でも
スクリーンプレイを使ってフリーになる動きを覚える

ユーザー（A）とスクリーナー（B）、ディフェンス、パス出しの選手（コーチでもよい）は、写真のような配置からスタート

BはAのディフェンスにスクリーンをかけにいく

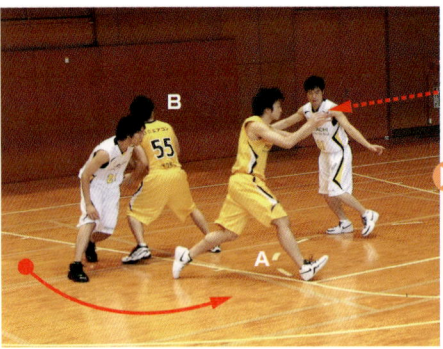

Aはスクリーンを利用しながら、パス出しの選手からのボールを受けにいく

Aはフリーでボールを受けたら、すかさずシュートを打つ

指導者MEMO 試合では、ボールを持っていないときにも気を抜かず、ボールを持っているサイドはどう展開されているのか、そして自分のディフェンスはどういう状況かを把握しておく必要があります。この練習では、ボールがないところで、フリーでボールを受けるための動きの1つを覚えます。

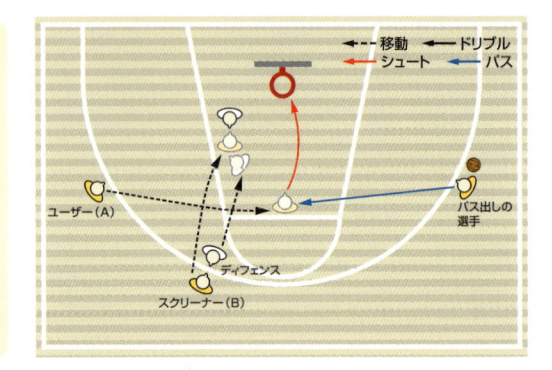

←--- 移動　←--- ドリブル
←--- シュート　←--- パス

ユーザー（A）
ディフェンス
スクリーナー（B）
パス出しの選手

176

連係プレイ

メニュー 124 バックスクリーン

レベル ★★★
人数 4人～
場所 ハーフコート

ねらい バックスクリーンとは、ディフェンスの背後からかけるスクリーンプレイのこと。そのバックスクリーンを利用して、ゴールに近い位置でボールを受け、そのままシュートに持ち込む

ユーザー（A）とスクリーナー（B）、ディフェンス、パス出しの選手（コーチでもよい）は、写真のような配置からスタート

Bは背後からAのディフェンスにスクリーンをかけにいく

Aはスクリーンを利用しながら、空いたスペースに移動

フリーになったらパス出しの選手からのパスを受け、すかさずシュートを打つ

指導者MEMO ディフェンスは基本的にゴールを背にしています。そして、背後からスクリーンを仕掛けられると、意表をつかれるかたちになります。なお、スクリーンをかける際には、しっかりと相手との接触にも動じないように体勢を整えること。接触した瞬間によろけてしまっては、意味がありません。

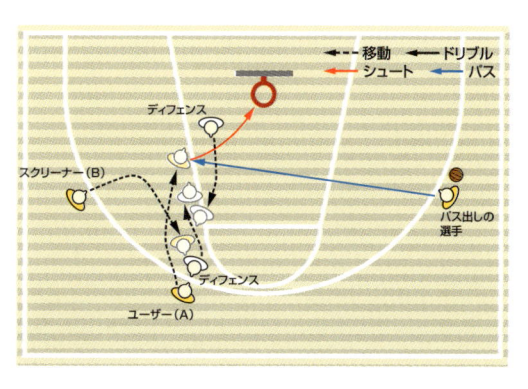

連係プレイ

メニュー 125 フレアースクリーン

レベル ★★★★☆
人数 4人〜
場所 ハーフコート

ねらい スクリーンを利用してボールから遠ざかるように動き、フリーでボールを受けてからシュートに持ち込む

ユーザー（A）とスクリーナー（B）、ディフェンス、パス出しの選手（コーチでもよい）は、それぞれ写真のような配置からスタート

BはAのディフェンスにスクリーンをかけにいく

Aはスクリーンを利用しながら、パスの出し手から遠ざかる

Aはフリーでボールを受けたら、すかさずシュートを打つ

指導者MEMO

このようにボールがないサイドにいても、ノーマークをつくるためにいろいろな駆け引きが展開されています。なお、ユーザーがボールを持っている選手から遠ざかる動きをするぶん、ユーザーへのパスは山なりになるケースが多くなります。パススピードが遅すぎるとディフェンスにカットされてしまうため、パスの出し手には、ユーザーの動きに合わせたパスを出す技術も求められます。

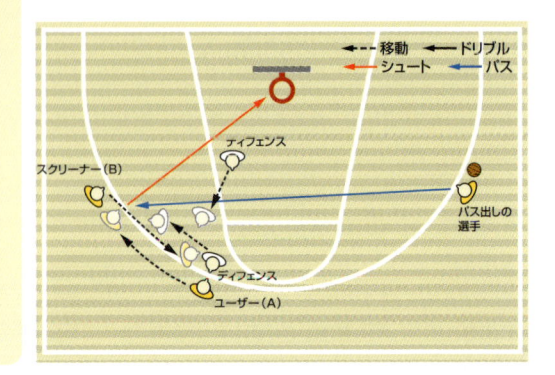

第8章
チームオフェンス
Team Offense

試合で有効なチーム全体での攻撃方法を身につけるには
やはり試合形式の練習が効果的です。
スペースを意識しながら、
目的意識を持って練習に取り組みましょう。

技術解説 速攻における5人の役割

POINT 1
1人がリバウンドをとったら、ボールを運ぶ選手にパスを出す

ウイングマン
攻防が切りかわった瞬間に、先行してサイドライン添いを走る選手のこと

ボールを運ぶ選手
ボールをとった選手からすぐにボールを受けて、すばやく前へとボールを運ぶ

POINT 2
ボールを運ぶ選手は、すみやかにフロントコートにボールを運ぶ

ボールを運ぶ選手の動き
ドリブルなどでボールをすばやく前へと運ぶ

技術解説 ボールを奪ったらまずは速攻を意識する

相手チームのミスを誘いボールを奪えたとき、相手チームが打ったシュートのリバウンドをとれたときなどは、攻防が切りかわり、自分たちの攻撃となります。そのような攻防の切りかえは「トランジション」と呼ばれます。その際、相手が自陣に戻る前に攻撃をしかける、いわゆる速攻は常に意識しておきたいところ。相手よりもこちらの数が多い状況を「アウトナンバー」といいますが、当然数的に有利なほうが得点できる可能性が高くなります。有効な速攻をしかけられるように、まずは「ウイングマン」や「トレーラー」といった、各々の役割を理解しましょう。

POINT 3
ドリブルばかりではなく、フリーな選手がいたら即座にパスを出す

ボール運びの選択
前にフリーな選手がいたら、即座にパスを出す

POINT 4
すばやいパスまわしのあとシュート。1人は引き気味にポジションをとる

ボールまわし
できるだけはやくボールをまわし、フリーな選手にボールを渡す

トレーラー
後ろから走り込み、オフェンスに厚みを加える選手のこと。ディフェンス・リバウンドをとった選手がこの役割を担うことが多い

セーフティ
フロントコートに入ったあと、相手の速攻をケアするために引き気味にポジションをとる選手のこと

STEP BY STEP
Basketball

速攻時のボールの運び方
急ぎすぎは禁物

5人のなかでも鍵を握るのは、やはりボールを運ぶ選手です。相手のディフェンスは何人戻っているのか、どういうタイプの選手が戻っているのかを確認しておく必要があります。そして味方が走るタイミングに合わせながら、ドリブルのスピードをコントロールし、フリーになっている選手を探してパスを出します。その際に大切なのは、「急ぎすぎない」こと。相手が戻る前にスピード感あふれる攻撃を展開するのは魅力的ですが、急ぎすぎると状況判断が鈍り、ミスにつながってしまいます。

チームオフェンス

メニュー126 オールコートの2対1

レベル ★★★☆☆☆
人数 3人～
場所 オールコート

ねらい ボールを奪ったらすぐに攻める感覚を養う。オールコートで行うため、走力も向上させられる

手順

① オールコートで行う2対1。図のような配置から、オフェンス（A）がバックボードにボールをぶつけ、そのリバウンドをとってスタート

② オフェンスは反対側のゴールを目指す。ドリブルで運ぶと単調になるため、パス交換をする

③ ディフェンス（B）はパスカットを狙いつつ、スタートから反対側のゴールへと戻り、オフェンスにゴールを決められないように対応する。ゴールが決まるか、ディフェンスがボールを奪うまで続ける

指導者MEMO

2対1は圧倒的にオフェンスに有利な状況です。ディフェンスは、守るゴールから離れた位置で、ドリブルを阻止したり、パスをカットしようとすると、もう1人のオフェンスがゴール前でフリーになってしまうため、パスカットを狙いつつ、はやめに戻ることが基本となります。

アレンジ

この練習に慣れてきたら往復して繰り返していくことにより、さらに体力面のアップにつなげられます。選手の体力やレベルに合わせて調整していきましょう。

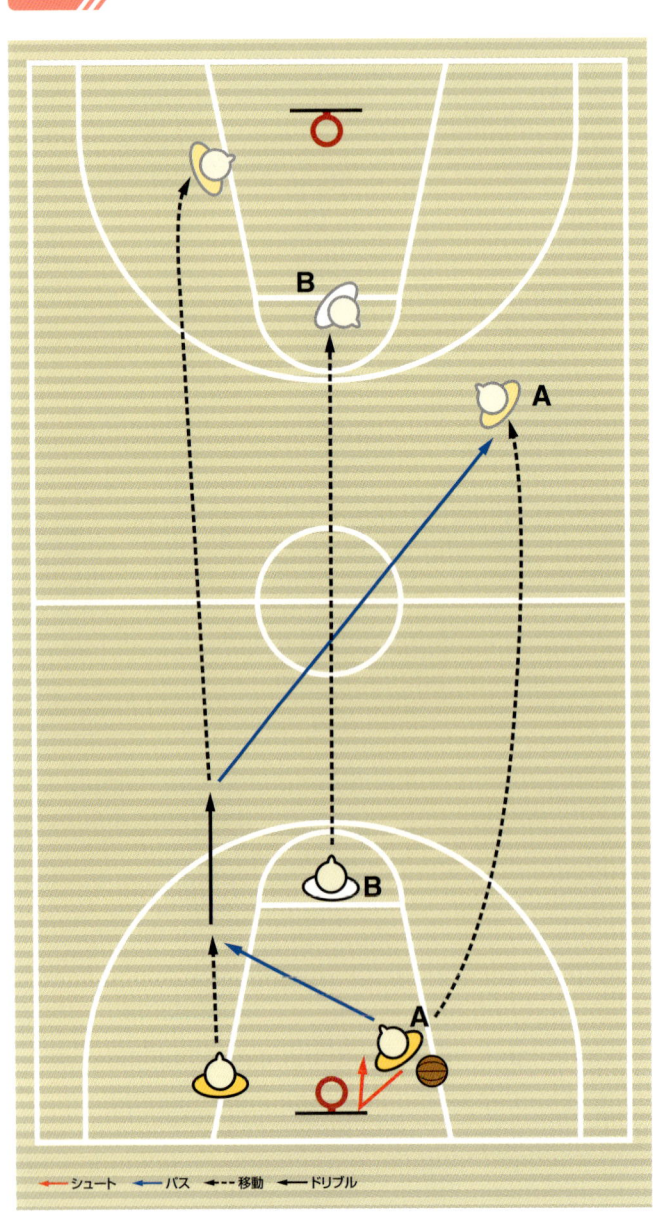

→ シュート　→ パス　--→ 移動　→ ドリブル

チームオフェンス

メニュー 127 スリーメン

レベル ★★★
人数 3人
場所 オールコート

ねらい 3人での速攻のかたちを覚えるための基本的なメニュー。試合を想定して、スムーズにボールを前へと運ぶことを心がける

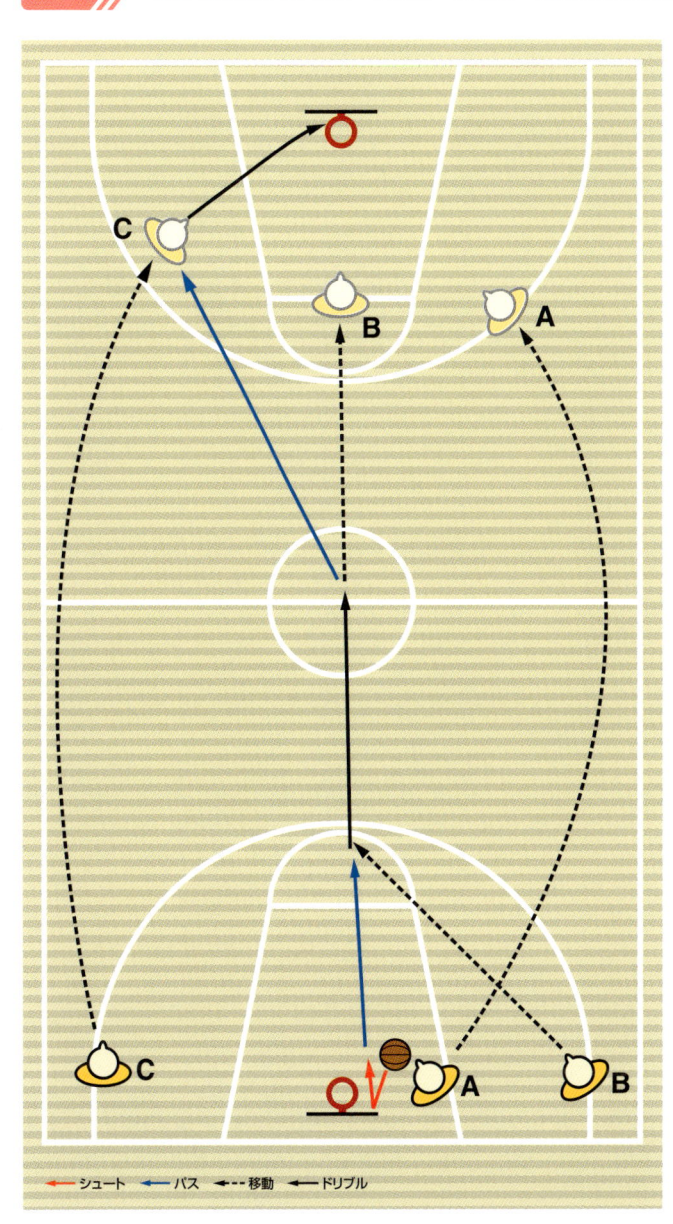

手順

① 3人で行う。図のような配置からAがバックボードにボールをぶつけ、そのリバウンドをとってスタート

② Bはスタートと同時に中央へと進んでパスを受け、ドリブルで進む。Aはパスを出したあとサイドライン沿いを走る

③ Cはスタートと同時にサイドライン沿いを走り、Bからのパスを受けてレイアップシュートを打つ

凡例：→ シュート　→ パス　--→ 移動　→ ドリブル

指導者MEMO

最後のシュートは、アップシュートなどレイアップシュート以外のシュートでも構いません。左のメニューと同様に、オールコートで行うため走力の向上にもつながります。ウォーミングアップとして行ってもよいでしょう。

アレンジ

3人での速攻にはほかにもいろいろなパターンがありますので、選手の個性に合わせていろいろとアレンジすることが大切です。たとえば、ドリブルを使わずパスだけで展開していく方法もあります。

チームオフェンス

メニュー 128 スリーレーンプレイ

レベル ★★★☆☆
人数 6人～
場所 オールコート

ねらい 3人での速攻のバリエーションを増やす。次のグループにボールを渡す際にショルダーパス（93ページ）を使うことによって、ロングパスの練習にもなる

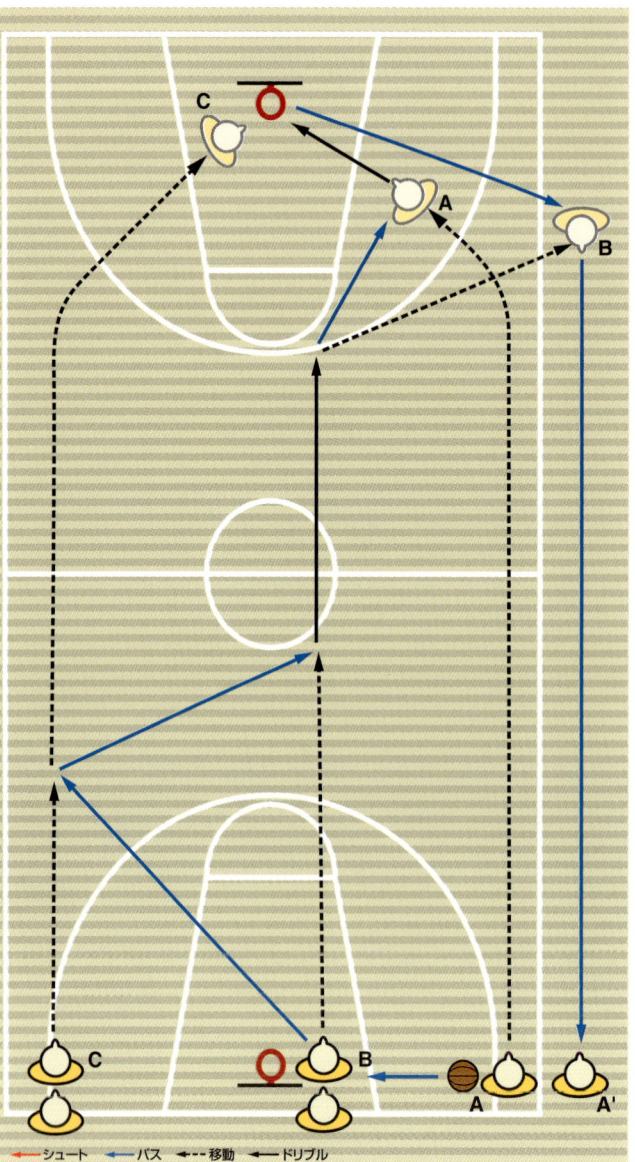

手順

① A、B、Cが図のように並び、その後ろに列をつくる。Aの後ろのA'はコート外で待機

② AはBにパスを出し、サイドライン沿いを走る

③ Bはパスを受けたらCにパスを出して走り、さらにCからのリターンパスをもらってドリブルで進む。Cはその後サイドライン沿いを走る

④ AはBからのパスを受けてシュート。Cはそのボールを拾って、コートサイドに出るBにパスを出す

⑤ パスを受けたBは、次にスタートするA'にショルダーパスを出す

指導者MEMO ロングパスの感覚を身につけることも目的の1つ。その役目を担う選手（左の図のB）は、すばやいモーションで正確なショルダーパスを出すように心がけましょう。

アレンジ 小学生や中学生など、体力的に十分でない選手はロングパスを届かせるのは難しいかもしれません。しかし、バウンドしてもよいので、ロングパスに挑戦しましょう。

メニュー 129　スリーメンウェーブからの2対1

チームオフェンス

レベル ★★★★
人数 3人〜
場所 ハーフコート

ねらい
パスだけでボールを前へと運ぶことによって、走りながらパスを受けて、そのままパスを出す動きを身につける。2対1へと移行することによって、複合的な練習にすることができる

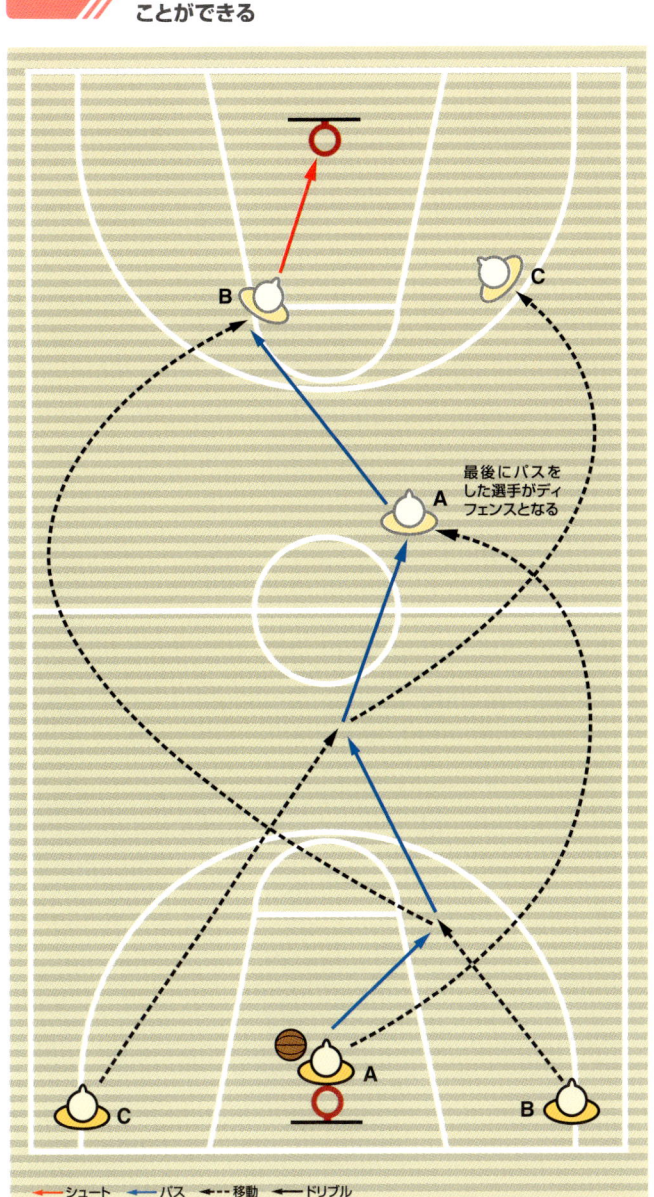

手順

① A、B、Cが図のように並び、Aがボールを持つ

② AがBにパスを出すところからスタート。図のように、ドリブルをしないで、パスだけでボールを運ぶ。それぞれパスを出したら、パスを受ける選手の後ろ側を走り抜け、その後サイドライン付近まで近づいたら、円を描くように中央へと戻っていく

③ ゴールに近づいたら、最後にパスを出した選手がディフェンスとなり、2対1に移行する

指導者MEMO
パスだけでボールを前へとスムーズに運ぶためには、走るスピードに加え、走るコースも大切なポイントとなります。タイミングをはかりながら、出し手がパスを出しやすい距離を意識して動きましょう。

アレンジ
パスだけでボールを運ぶのが難しいようであれば、ドリブルでタイミングを調整する方法もあります。慣れてきたら「ボールをつくのを1回まで」など制限を設けながら段階を踏んでいくと、やがてはパスだけの展開ができるようになるでしょう。

チームオフェンス

メニュー130 ツーメンブレイク

レベル ★★☆☆☆
人数 2人〜
場所 オールコート

ねらい 守っているゴール付近からサイドライン沿いを走る味方にパスを出し、パスを受けた選手がそのままドリブルからシュートへと持ち込む。シンプルだが、いろいろな速攻のベースとなる動き

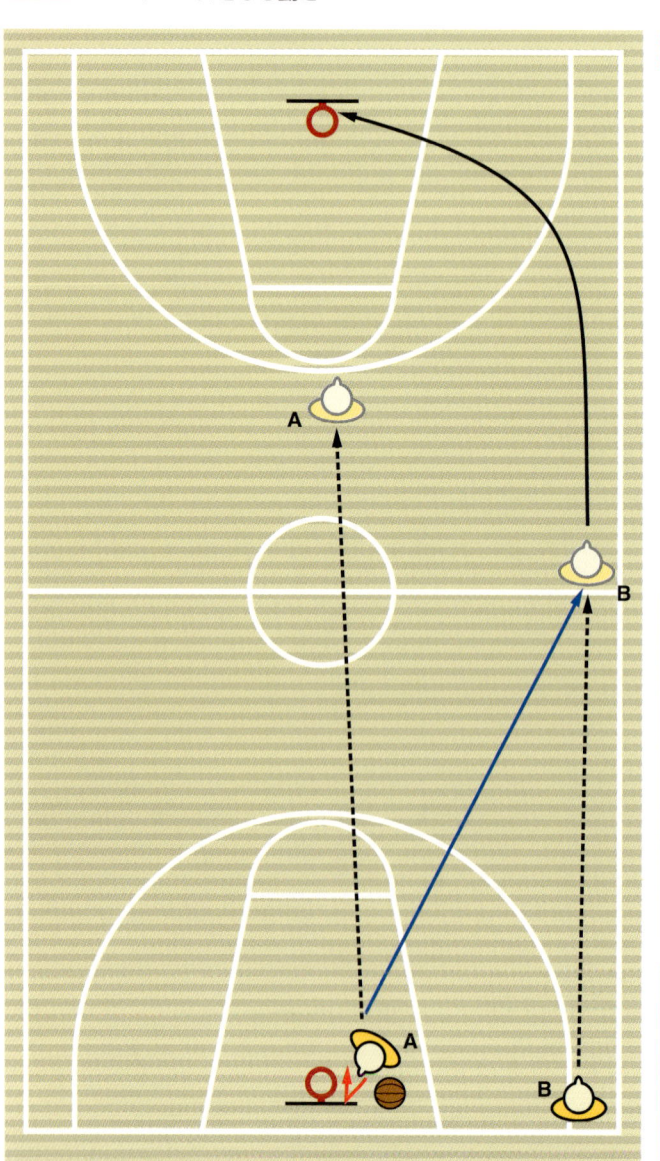

手順

① 2人で行う。Aがバックボードにボールをぶつけて、スタート。Bはサイドライン沿いを走る

② Aはボールをとったら、先行して走るBにパスを出す。その後、試合を想定して、フォローのためにゴールへと向かう

③ Bはパスを受けたらドリブルで進み、そのままシュートに持ち込む

指導者MEMO

試合を想定して、サイドライン沿いを走る選手に対しては、強くてはやいパスを出します。試合では、このウイングマン（180ページ）がディフェンスを置き去りにすることができれば、確実にシュートを決められることにつながります。

アレンジ

最初はレイアップシュート（42ページ）など、確実に決められるシュートからはじめ、慣れてきたら少し離れた距離からのジャンプシュート（30ページ）なども打つようにしましょう。

→ シュート　→ パス　--→ 移動　→ ドリブル

チームオフェンス

メニュー 131 クロスする動きを交えたツーメンブレイク

レベル ★★★

人数 2人～

場所 オールコート

ねらい 左のメニューと同様に、2人でのすばやいボール運びを身につけるためのメニュー。守っているゴール付近からパスを出したあと、味方とクロスしてサイドラインを走り、その後パスを受けてシュートを打つ

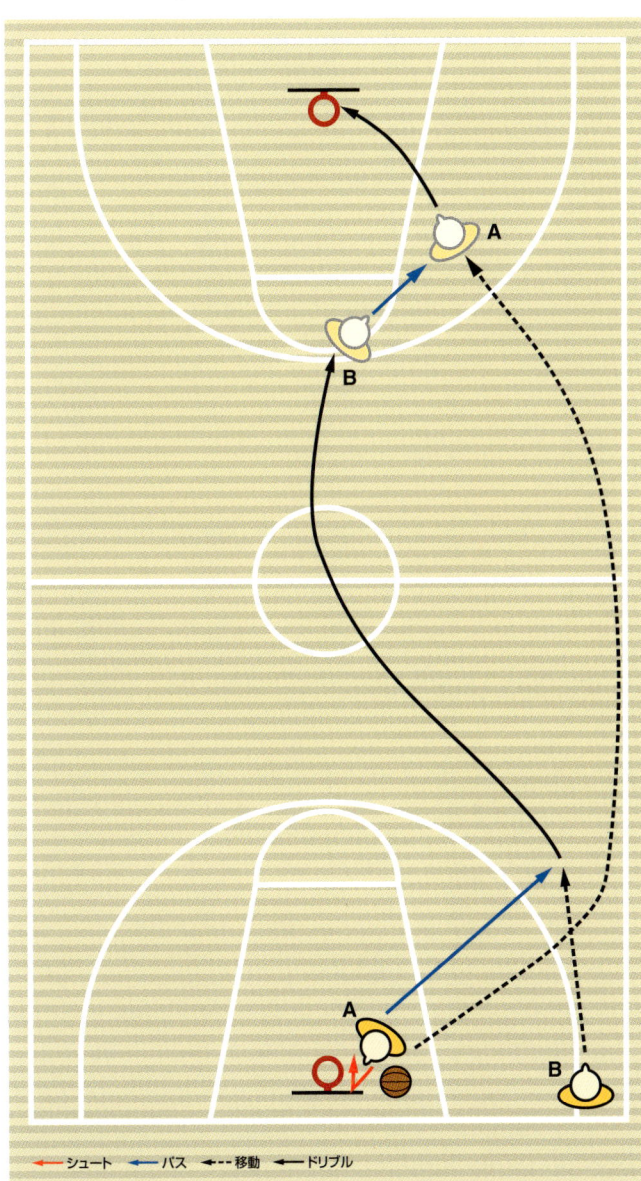

手順

① 2人で行う。Aがバックボードにボールをぶつけて、そのリバウンドをとってスタート。すぐにBへパスを出して、その後サイドライン沿いを走る

② Bは中央へとドリブルで進み、そのままゴールへと向かう。タイミングを見て、Aにパスを出す

③ Aはパスを受けたらそのままシュートに持ち込む

指導者MEMO

ポイントとなるのは、ボールを運ぶ選手がしっかりと流れをコントロールする意識を持つことです。フェイスアップして（顔を上げて）状況判断をし、「リード・ザ・ディフェンス」、すなわちディフェンスの出方を読む習慣をつけることが大切です。

アレンジ

アウトナンバー（数的に有利な状況）においては、ゴールに近い位置でのシュートが理想。しかし、それにこだわりすぎると、ディフェンスに対応されてしまう場合もあります。ボールを運んだ選手がそのままシュートを打つなどのバリエーションも練習しておくとよいでしょう。

← シュート　← パス　←-- 移動　← ドリブル

チームオフェンス

メニュー 132 3対2のコンティニュイティ（継続）

レベル ★★★★☆
人数 6人〜
場所 オールコート

ねらい 速攻を仕掛けた際にディフェンスが戻る前に攻めきる

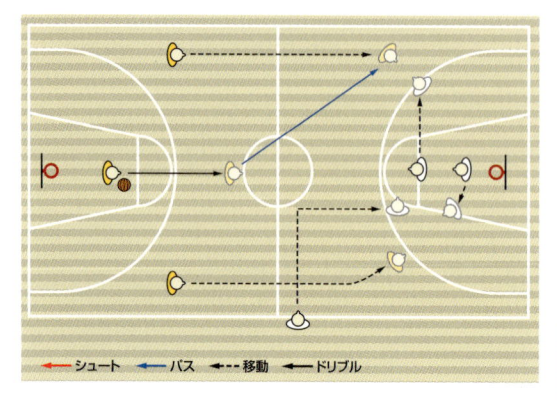

手順

① オフェンス側（黄）の3人が、前のコートへとボールを運ぶ

② ディフェンス側の2人はあらかじめ守備の体勢を整えておく。ボールがセンターラインを越えると同時に、センターラインの端からもう1人がセンターサークルを踏んでディフェンスとして加わる

③ 途中からコートに入ったディフェンスが加わる前に、オフェンス側はシュートチャンスをつくる。ディフェンス側は、ゴールが決まったり、ボールを奪ったらオフェンス役となり、対面のコートにボールを運ぶ

← シュート　← パス　←-- 移動　← ドリブル

指導者MEMO ディフェンスが3人になる前にシュートに持ち込むため、すばやいボールまわしを心がけましょう。

チームオフェンス

メニュー 133 オールコートの3対3

レベル ★★★★☆
人数 6人〜
場所 オールコート

ねらい 速攻を意識しながら試合に近いかたちでチームオフェンスを磨く

手順

① オールコートでの3対3。できれば速攻。それができなくても、ボールをしっかりまわして得点する

③ ゴールが決まったり、オフェンス側からボールを奪ったら、攻守交替。ディフェンス側はオフェンス側となり、ゴールを目指すために対面のコートにボールを運ぶ

オールコートの3対3。できれば速攻で攻めきる

指導者MEMO 同じ3対3でも、ドリブルを禁止するなどの一定の制限を加えることによって、チームづくりの方向性に適した練習にすることが可能です。

チームオフェンス

メニュー 134 3対2から3対3

レベル ★★★

人数 6人～
場所 オールコート

ねらい
左の上のメニューと同様に、試合でよくある3対2という状況を想定し、ディフェンスが戻る前に攻めきる動きを身につける。3人で前のコートへとすばやくボールを運ぶ技術も必要となる

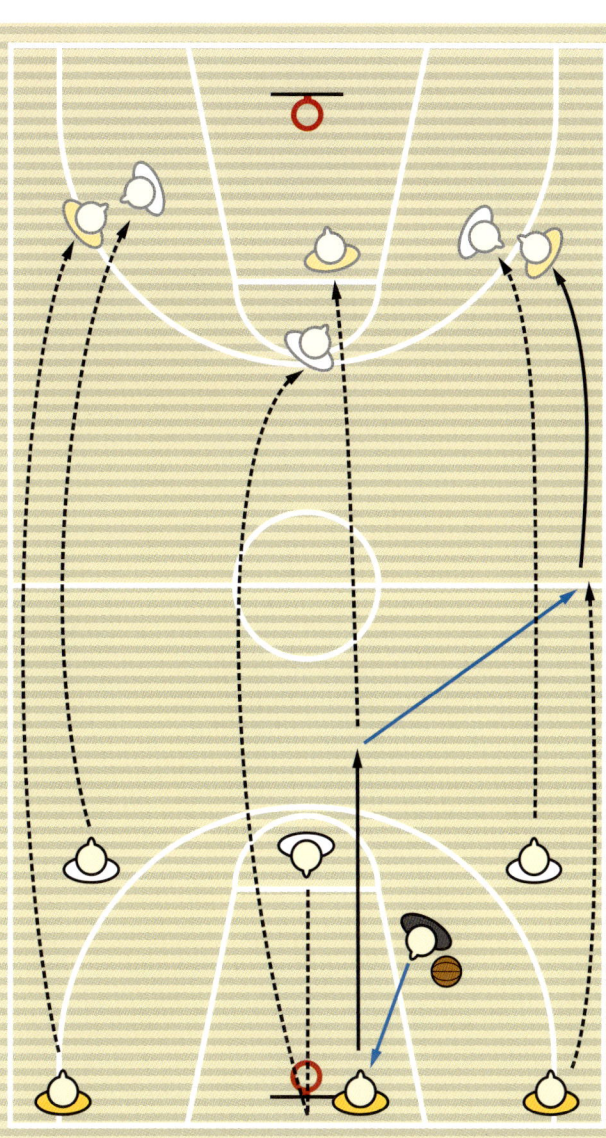

手順

① ボール出しの選手（コーチでもよい）がボールを持ち、選手は図のように並ぶ

② ボール出しの選手（コーチでもよい）がオフェンス側の選手（任意）にパスを出してスタート

③ オフェンス側は、味方がボールを受けたら即座に反対側のゴールを目指す

④ ボールを受けたオフェンス側の選手の向かいにいるディフェンス側の選手は、ベースラインに一度タッチしてからディフェンスに加わる

指導者MEMO
アウトナンバー（数的有利な状況）を活かし攻めきることを目的としていますが、だからといって急ぎすぎるのはNG。慌ててプレイするとミスにつながってしまいます。

アレンジ
4対4、さらには5対5と人数を増やして行うことも可能です。ただし基本的な動きと感覚を身につけられるように、人数を増やすのはこの3対3できっちり攻めきれるようになってからにするのがよいでしょう。

チームオフェンスの基礎技術

技術解説 チームオフェンスの基本

インサイドの選手
基本的にチームでいちばん背が高い選手。ゴールに近い位置なので、チャンスがあれば積極的にシュートを打ちたい

ウイング

ウイング
ゴールから45度の3ポイントライン上付近にポジションをとる

ガード
コート全体を見渡せる3ポイントライン付近にポジションをとる

組み立て
写真はあくまでも基本陣形。ここから、動きながらアウトサイドでのパスまわしやゴール下への走り込み、インサイドへのパスなどのいろいろな工夫をして、シュートに持ち込む

技術解説 キーワードはスペーシング

「チームオフェンス」とは、チームメイトと協力しながら、チーム全体で得点することを目指す攻撃システムのこと。1対1で相手に勝つことは重要ですが、ディフェンスがチームとして守ってくる以上、オフェンスも個人技だけで状況を打開するには限界があります。そこで必要になるのがチームオフェンスというわけです。

チームオフェンスを組み立てるうえで、とくに重視したいのが「スペーシング」です。試合で勝つためには、練習時から、どのようにオープンスペース（敵も味方もいないスペース）をつくるのか、そしていかに効果的にそのスペースを使って攻撃するのかを考えながらプレイする必要があります。

速攻ではなく、攻撃の体勢を整えてから攻める場合の代表的な陣形は、上の写真のような「フォー（4）・アウト・ワン（1）・イン」というタイプ。これは、コートの中央部に2人のガード、そして両サイドにウイングという4人の選手をアウトサイドに配備し、インサイドに1人の選手を配備する陣形です。一方、身長が大きな選手が何人かいるチームは、2人の選手をインサイドに配備する「スリー（3）・アウト・ツー（2）・イン」という陣形も有効です。また、身長が大きな選手がいないチームが使用するものとして、全員がアウトサイドに出る「ファイブ（5）・アウト」という陣形もあります。どれを使うかは選手の特性などを見極めて決めるようにするとよいでしょう。

▶▶▶ チームオフェンスのポイント①

POINT 1 スペーシングを意識するためには、4対4の練習がおすすめ

🖐解説 チームオフェンスの練習は4対4で

チームとしての攻め方を練習する際には、実際の試合よりも1人少ない4対4がおすすめです。その理由は1人がケアすべきスペースが広いため、攻撃の際のポイントであるスペーシングをより強く意識できるからです。各選手はスペースを有効に使うように心がけること。指導者もボールサイドばかりではなく、ボールから遠い位置にいる選手にも目を配らなければいけません。

▶▶▶ チームオフェンスのポイント②

🖐解説 キーワードを意識する

「スペーシング」は、攻撃の際の最重要課題の1つ。次のようなキーワードを軸に、スペーシングを意識した攻撃を身につけていきましょう。

①ポジショニング
チームメイトとの距離感を意識してポジションをとる

②ビジョン
ディフェンスも含めて、フロア全体のバランスをしっかりと見て判断するように心掛ける

③パッシングゲーム
ボールを持ちすぎず、パスを有効に使う

④パス&カット
パスを出したあと、どこに動くべきか的確に判断して動く

⑤シャープカット
ボールを持っていないときでもディフェンスのマークを振り切れるように鋭い動きを心掛ける

⑥オープンスペース
動いて空いたスペースをほかの選手が走り込んで活かす意識を持つ

⑦スウィング
同じサイドばかりでパスをまわすのではなく、逆サイドにボールをまわして展開する

⑧バリエーション
ボールを持っている選手が2つ以上のパスの選択肢を持てるようにまわりは動いておく

⑨アタック
パスによる展開にディフェンスが対応できていないのを見逃さず、シュートやドリブルでディフェンス網を突破する

⑩チームルール
誰にボールを集めるのか、それとも全員が均等にボールに触れるようにするのかなど、チームとしての意図を統一させておく

チームオフェンス

メニュー 135 パス&カット

レベル ★★★★☆
人数 4人〜
場所 ハーフコート

ねらい 4人でアウトサイドでパスをまわし、1人がタイミングを見てゴール下へと走り込む。その後、空いたポジションへとほかの選手が移動するのもポイントで、味方が動いたあとに空いたスペースを活かす意識を養うことにつながる

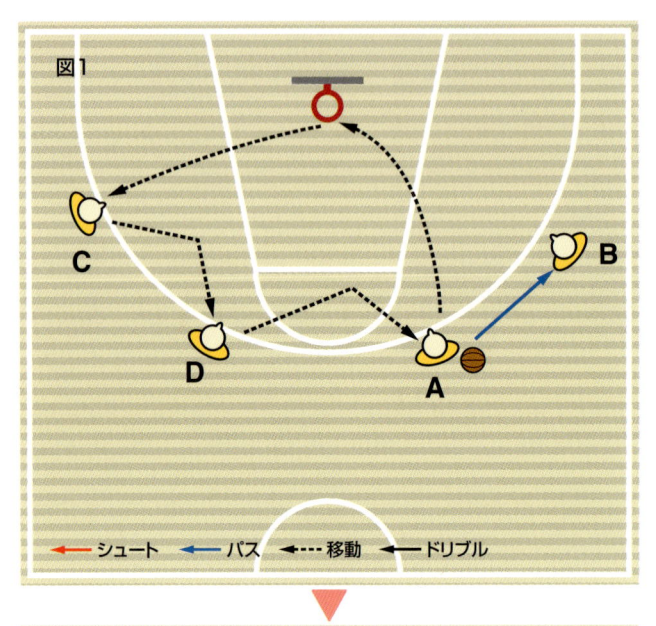

図1

← シュート　← パス　←--- 移動　← ドリブル

手順

① 4人で行う。それぞれ図1のようにポジションをとる

② AはBにパスを出したあと、ゴール方向に移動し、その後Cがいたところに移動する

③ Aがいたところにdが、Dがいたところにcが、ディフェンスを振りきるイメージでL字型に動いて移動(この場合、Bは右隣がいないため、移動はない)。その後、移動したポジションでパスまわしを展開する

④ それ以降は、誰かがタイミングを見て、パスを出した直後にゴール方向に移動し、そのほかの選手はあいた右隣のポジションに移動する

⑤ 一定回数を行ったら、図2のようにゴール下に向かう選手にパスを出し、パスを受けた選手はそのままシュートを打つ

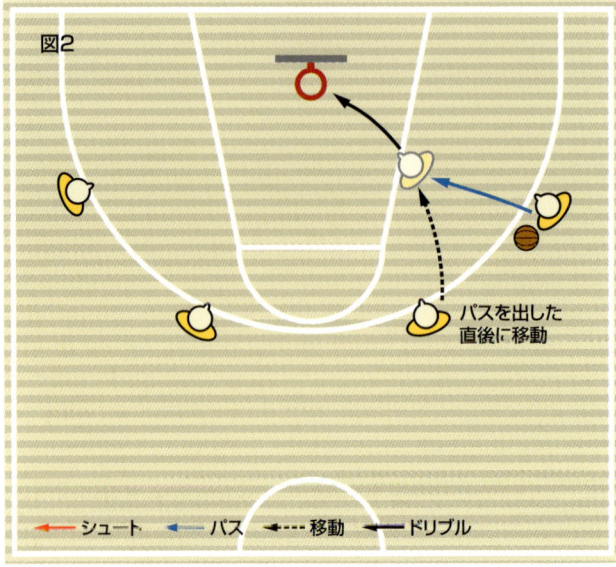

図2

パスを出した直後に移動

← シュート　← パス　←--- 移動　← ドリブル

指導者MEMO ゴール下に向かう選手は、ディフェンスを振りさるイメージで、パスしたら鋭く動くことを心がけます。なお、ゴール下に向かう、もしくはそのままシュートを打つきっかけがつかみづらいようであれば、慣れるまで指導者が合図を出すとよいでしょう。

チームオフェンス

メニュー 136　パス&カットからのバックカット

レベル ★★★☆☆
人数 4人〜
場所 ハーフコート

ねらい
バックカットとは、パスコースを狙ってくるディフェンスの裏をかいて、その後ろのスペースに走り込む動きのこと。アウトサイドでパスをまわしながら、タイミングを見てその1人がバックカットを想定した動きを行う

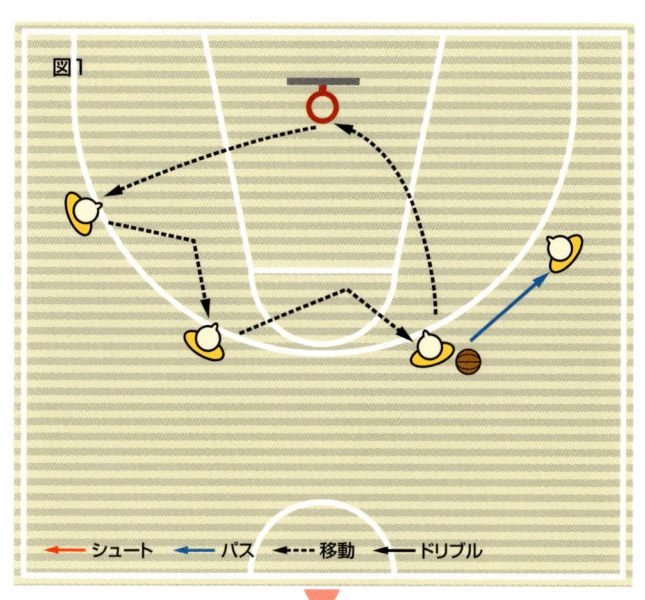

図1

← シュート　← パス　←--- 移動　← ドリブル

図2

パスコースを相手に封じられたことを想定し、パスの出し手が間を置いたら、受け手が移動

← シュート　← パス　←--- 移動　← ドリブル

手順

① 左ページのメニューの発展形。同様にアウトサイドでパスをまわし、誰かがタイミングを見て、パスを出した直後にゴール方向に移動し、そのほかの選手は空いた右隣のポジションに移動する

② 一定回数行ったら、パスを出そうとする選手（任意）が、ディフェンスがパスコースを封じてくることを想定して、パスを出す直前に一瞬間を置く。それを見て、図2のようにパスを受けようとしていた選手は、ディフェンスの背後を走り抜けるイメージでゴール下へと向かい、その後パスを受けて、シュートに持ち込む

指導者MEMO
左ページのメニューと同様に、バックカットを行うきっかけがつかみづらいようであれば、慣れるまで指導者が合図を出してもOKです。「パス&カット」とおりまぜながらできることを目指しましょう。

ワンポイントアドバイス

パスまわしをスムーズに展開するために1つのポイントとなるのが、ボール保持者が「2カウントを数える」ということです。パスを受けてすぐにパスを出すとまわりはタイミングを合わせにくいので、シュートに持ち込める姿勢を約2秒間とりながら、まわりとの呼吸を合わせるというわけです。

メニュー 137 パス&スクリーン

チームオフェンス

レベル ★★★☆☆
人数 4人～
場所 ハーフコート

ねらい　パスを出したあと、味方をフリーにするためにスクリーンをしかける

手順

① 4人で行う。それぞれ図のようにポジションをとる

② AはBへとパスを出し、その後スクリーンをしかけるためにDのほうに移動する。Bはパスを受けたらCにパスを出し、その後AがいたポジションにCに移動

③ Dはスクリーンを利用して、Bがいたポジションに移動。その後Cからのパスを受ける

④ スタート時の配置をかえて、参加者全員が全ポジションを行う

指導者MEMO　パスを出したあとに、スクリーンをセットする意識を持つことは大切です。こうした動きも取り入れながら、チームでのパスまわしを上達させていきます。

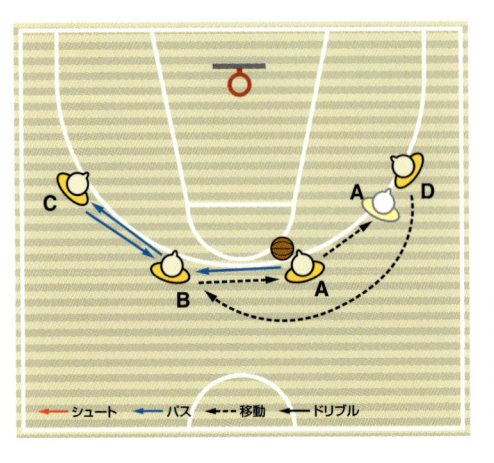

メニュー 138 5人で行うパス&スクリーン

チームオフェンス

レベル ★★★★☆
人数 5人～
場所 ハーフコート

ねらい　インサイドの選手を含めたより実戦的なスクリーンプレイを身につける

手順

① 5人で行う。それぞれ図のようにポジションをとる

② AはBへとパスを出す。その間に逆サイドではスクリーンプレイを展開。CとDがスクリーンをセットし、Eはそれを利用して移動する

③ Eは移動後、Bからのパスを受ける。

④ スタート時の配置をかえて、参加者全員が全ポジションを行う

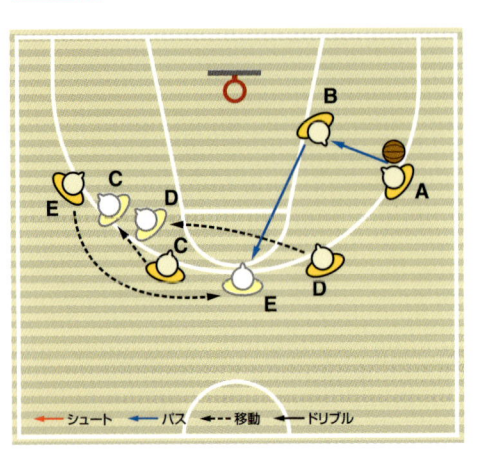

指導者MEMO　試合と同じ5人での動きを練習する際には、最初はディフェンスをつけず、ゆっくりと正確に行うようにしましょう。その1つひとつの動きをいかにていねいに行うかがチームオフェンスの成否をわけることになります。

チームオフェンス

メニュー 139 UCLAカット

レベル ★★★★
人数 5人〜
場所 ハーフコート

ねらい フリースローライン付近でのスクリーンを利用してゴール下に飛び込む

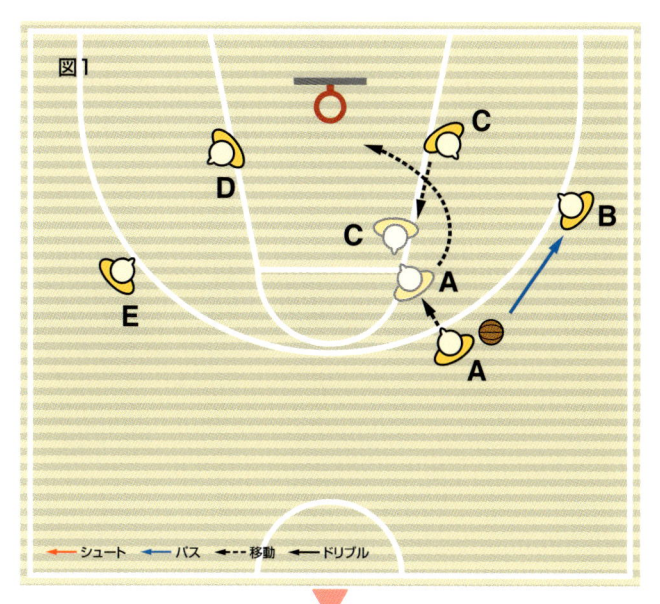

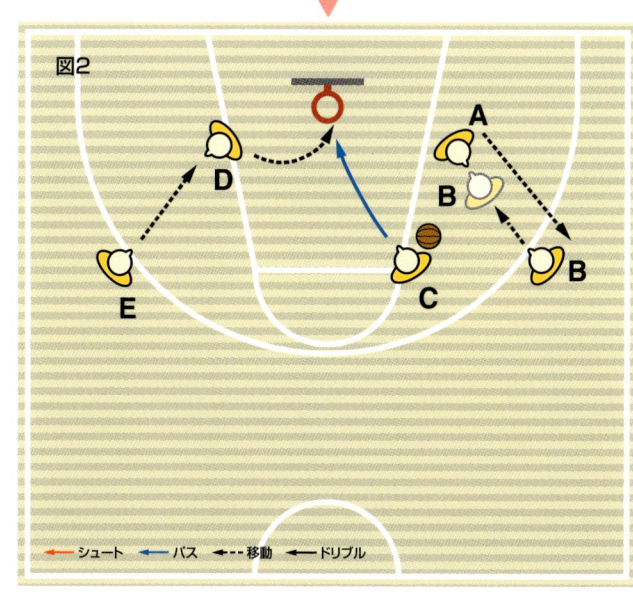

図1

→ シュート　→ パス　--→ 移動　→ ドリブル

図2

→ シュート　→ パス　--→ 移動　→ ドリブル

手順

① 5人で行う。それぞれ図のようにポジションをとる

② AはBへとパスを出す。それと同時にCはフリースローラインのほうに移動し、スクリーンをセットする

③ Aはスクリーンを利用して、ゴール下へと走り込む

④ パスを受けたBは、AもしくはCにパスを出す（Bはそのままシュートを打ってもよい）

⑤ BがAへのパスを選択したら、Aはそのままシュートを打つ

⑥ BがCへのパスを選択したら、図2のようにDはゴール下へと移動し、Cからのパスを受けてシュート。その間に、次の攻撃を想定して、EはDがいたポジションに、Bはローポスト付近でスクリーンをセットし、Aはスクリーンを利用してアウトサイドに移動しておく

⑦ スタート時の配置をかえて、参加者全員が全ポジションを行う

指導者MEMO 全員が流れるように動けること目指します。スムーズに行えるようになったら、ポストプレイやスクリーンプレイを駆使した自由なパスまわしへと発展させましょう。

チームオフェンス

メニュー 140 バックドアプレイ

レベル ★★★★★
人数 5人〜
場所 ハーフコート

ねらい チームでの攻撃パターンを増やすためのメニュー。
味方が動いて空いた裏のスペースに走り込んでシュートに持ち込む

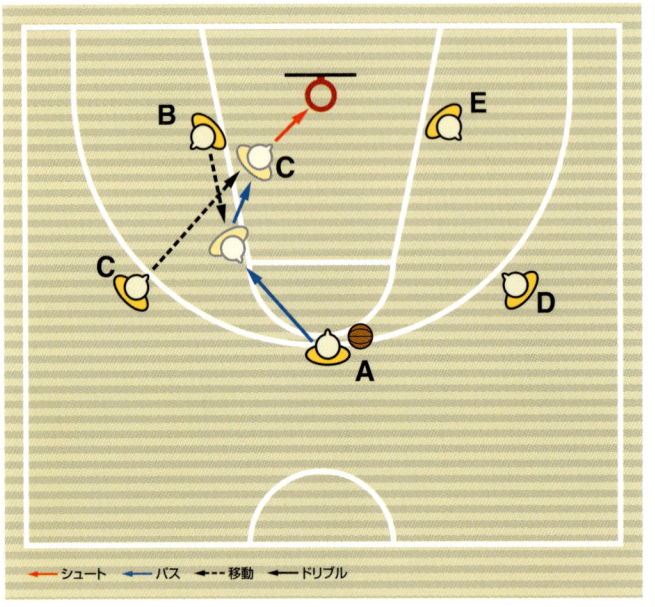

手順

① 実際に動くのは3人だが、試合に近い状況で選手同士の距離感をつかむため、図のような配置で5人で行ってもよい

② Bはフリースローライン付近へと移動する

③ アウトサイドのAはBにパスを出す

④ CはBが空けたスペースに走り込む

⑤ BはCにパスを出す。パスを受けたCはそのままシュートを打つ

⑥ スタート時の配置をかえて、参加者全員が全ポジションを行う

→ シュート　→ パス　--→ 移動　→ ドリブル

指導者MEMO

ディフェンスの意表をつく代表的なプレイが、このバックドアプレイです。1人がインサイドから動き出し、そのスペースをほかの選手が活かすことにより、ディフェンスは対処しきれなくなるのです。得点が絶対に欲しい場面などで使いたい攻撃パターンです。

ワンポイントアドバイス

このようなチームプレイを早期に取り入れることにより、選手は練習ですべきことの全体像が見えるようになって、そこから個々の基本練習でやるべきことも見えやすくなります。したがって、こうした実戦的な練習も、試合がない時期から少しずつ取り入れていくようにしましょう。

Basketball Column 08　重要なのはどのタイミングでシュートを打つか

チームオフェンスにおいては、どのタイミングでシュートに持ち込むかの判断力が重要となります。これを「シュートセレクション」といいます。積極的にシュートを打つことは大切ですが、チームメイトがリバウンドに入る用意ができていないのに打ってしまうのはよいタイミングとはいえません。逆に、まわりがシュートを期待しているのに、打つのをためらうのも問題です。チームメイトが理解できるタイミングであれば、シュートがはずれることを恐れる必要はないのです。

第9章
チームディフェンス
Team Defense

バスケットボールの試合では
ゴールに近い位置でシュートを打たれるのは致命的。
それを防ぐためにはチームで協力することが重要です。
ディフェンス時には常に距離感を意識しましょう。

チームディフェンスの技術解説

技術解説 チームディフェンスの考え方

ポジション
それぞれが、パスをカットでき、かつ裏をとられないような位置にポジションをとる

体勢
全員がディフェンスの基本姿勢をとり、自分がマークする選手とボールを意識する

技術解説 まずはマンツーマンディフェンスを覚える

　チームの5人が協力して、相手の攻撃を封じるディフェンスのことを「チームディフェンス」といいます。そして、1対1でマークすることを基本とするディフェンスは、「マンツーマン」と呼ばれる一方、オフェンス側の動きに対して陣形をあまり崩さず、エリアを守ることを基本とするディフェンスは「ゾーンディフェンス」と呼ばれています。

　このなかで、ディフェンスの基本を個々の選手が備えるには、マンツーマンのディフェンスを理解しておくことが先決です。ゾーンディフェンスは、マンツーマンディフェンスができれば、ある程度対応できるようになるため、まずは選手1人ひとりがしっかりとマンツーマンのチームディフェンスの動きができるように練習しましょう。

　5人が協力して守るとはいえ、1人ひとりがしっかりと自分がマークしている相手をケアすることができなければ、チームディフェンスは機能しません。まずは、基本どおり、5人全員がディフェンスの基本姿勢（108ページ）をとることが、チームディフェンスの第一歩になります。とくに自分がマークしている選手がパスを受けられるような位置にいる場合は、しっかりとパスコースを防ぐように手を上げて、ボール保持者が簡単にパスを出せないようにします。

　また、相手との距離は、自分がマークしている選手がボールを保持していない場合、パスカットができ、かつ裏をとられない位置が基本となります。そして、自分がマークしている相手にボールが渡ったら、シュートやパス、ドリブルといったプレイに対応できるように、その選手との距離をつめます。

▶▶▶ チームディフェンスの考え方のポイント①

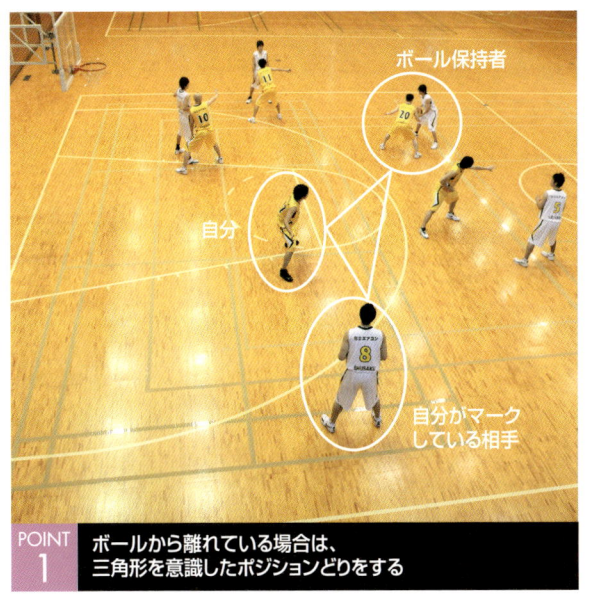

（写真中のラベル）
- ボール保持者
- 自分
- 自分がマークしている相手

POINT 1 ボールから離れている場合は、三角形を意識したポジションどりをする

解説　ボールに合わせてポジションを調整

マンツーマンディフェンスは、自分がマークしている相手のことだけを考えていればよいわけではありません。とくに自分がマークしている選手がボールから離れている場合は、ボール保持者がゴール下へと切り込んできても、それに対応できるようなポジションをとることが求められます。自分と、自分のマークマン、そしてボールを持っている選手が平らに近い三角形になっていることが基本となります。

▶▶▶ チームディフェンスの考え方のポイント②

解説　チームディフェンスのキーワードを意識する

マンツーマンディフェンスには、自分のマークを見失わないようにするなど、求められる原則がいくつかあります。次のようなポイントを意識するとよいでしょう。

①シー・ボール・アンド・ユア・マン
　全員がボールの位置を把握するとともに、自分のマークマンを見失わないようにする

②ボール・ムーブ・ユー・ムーブ
　ボールが移動するのにともない、それぞれの選手がポジションを移動させて、オフェンスの動きに対応する

③ジャンプ・トゥ・ザ・ボール
　ボールマン（ボールを持っている選手）に対して、誰かが必ずチェックに入るようにする

④ディナイ
　ボールを持っている選手の近くにいる選手に対してパスを渡らせないように、パスコースに手をかざす姿勢をとる

⑤ツー・パス・アウェイ・ディフェンス
　ボールがないサイド（ヘルプサイド）でもディフェンスを集中して行う

⑥フラット・トライアングル
　ボールがないサイドのディフェンスは、自分のマークマンからやや離れてボール寄りにポジションをとる。自分と、自分のマークマン、そしてボールを持っている選手が平らに近い三角形になっていることが基本。ただし、ゴールに近すぎると、ボールにも自分がマークしている選手にも寄れないので要注意

チームディフェンス

メニュー 141 ヘルプ＆リカバリー

レベル ★★★★☆
人数 8人〜
場所 ハーフコート

ねらい　各ディフェンスは、オフェンスとの適切な間合い（198ページ）を保ち、ボール保持者がドリブルで侵入してきたら、近くのもう1人のディフェンスも協力して止めに入る。相手が侵入をあきらめたら、すぐにもとのポジションに戻る

各ディフェンス（黄）は、各オフェンス（白）に対して適切な間合いを保つ（ボール保持者のディフェンスはA、近くのディフェンスはB、そのほかはC、D）

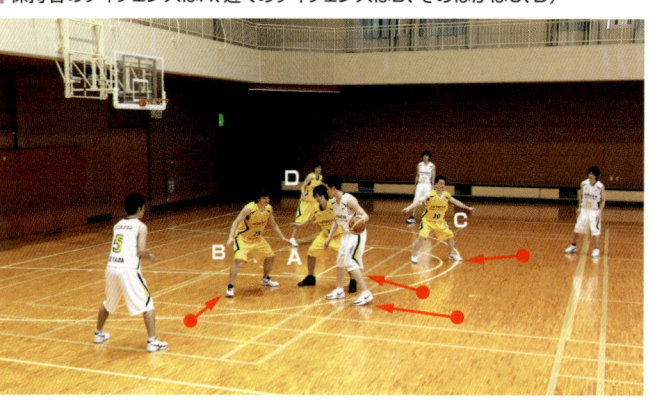

ドリブルで侵入してきたら、BはAとともに止めに入り、CとDもボール寄りにポジションを移す。侵入をあきらめたら、すぐにもとのポジションに戻る

手順

① 4対4で行う。各ディフェンスは、オフェンスとの適切な間合いを保つ

② ボール保持者はドリブルでゴールに近づく。ボール保持者のディフェンス（A）に加え、近くにいるほかのディフェンス（B）もドリブルを止めに入る。そのほかのディフェンス（C、D）もゴール寄りにポジションをとって、抜かれた場合のカバーに入れる準備をする

③ ボール保持者が侵入をあきらめたら、すぐにもとのポジションに戻る

④ 一定時間内に繰り返して、この動きを行う

指導者MEMO

ドリブルを2人で協力してとめる、チームディフェンスを身につけるための第一歩。止めにいく2人のディフェンスは、ドリブルでお互いの間を割られてしまわないように注意が必要です。

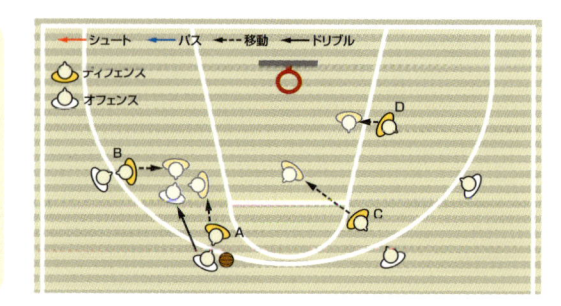

チームディフェンス

メニュー 142 フィル&シンク

レベル ★★★★
人数 8人〜
場所 ハーフコート

ねらい　相手がウイング付近から、ベースライン側にドリブルしてきた場合の対応。左のメニューがボールに近い位置のディフェンスが止めに入ったのに対して、この場合はボールから離れた位置のディフェンスが止めに入る

各ディフェンス（黄）は、各オフェンス（白）に対して適切な間合いを保つ（ボール保持者のディフェンスはA、ベースライン近くのディフェンスはB、そのほかはC、D）

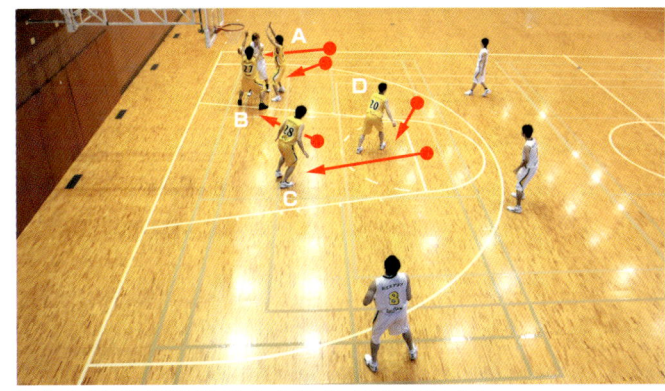

ボール保持者がドリブルでベースライン方向に移動したら、BはAとともに止めに入り、CとDも適切なポジションに移動する

手順

① 4対4で行う。各ディフェンスは、オフェンスとの適切な間合いを保つ

② ボール保持者はドリブルで、シュートチャンスをつくるためにベースライン方向へとドリブルで移動する。ボール保持者のディフェンス（A）に加え、ボールから離れた位置（ベースライン近く）にいるディフェンス（B）もドリブルを止めに入る。そのほかのディフェンス（C、D）も、ボール保持者以外のオフェンスに対応できるポジションに移動する

③ 一定時間内に繰り返して、この動きを行う

指導者MEMO　動きを覚えたら、そのままプレイを続行するようにしましょう。ディフェンスはボールを奪えることが一番ですが、ほかのオフェンスにパスが渡ったら、すぐにもとのポジションに戻るようにします。

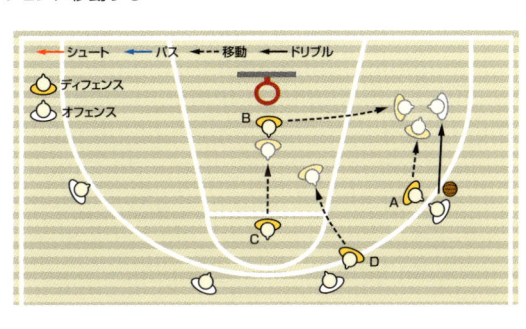

チームディフェンス

メニュー 143

ボールサイドカットに対するバンプ

レベル ★★★★☆
人数 8人〜
場所 ハーフコート

ねらい バンプとは、相手が走るコースに先に入り、コンタクト（接触）プレイで相手の侵入を防ぐプレイのこと。これはその技術を身につけるためのメニュー

オフェンス側（白）のボールを保持していない選手の1人（任意：ここではA）が、ゴール方向に侵入しようとする（Bはその選手をマークしているディフェンス）

Bは先にコースに入りゴール下への侵入を防ぐ

手順

① 4対4で行う。オフェンス側はボールをまわしながら、ボールを保持していない選手の1人（任意：ここではA）が、ボールがあるサイドからゴール方向にカット（侵入）する

② そのオフェンスをマークしているディフェンス（B）は、走るコースに入って侵入を防ぐ

③ 一定時間内に繰り返してこの動きを行う

指導者MEMO

試合では、ボールを持っていないオフェンスも、シュートチャンスをつくるためにゴール方向に走り込んできます。それに対応するために、走り込もうとしている選手をマークしているディフェンスは、相手のコースに先に入って、それを抑えるというわけです。

NG

バンプは、走り込んでくるオフェンスに対して、そのオフェンスよりも先にコースに入るのが絶対条件です。横から押すようなコンタクトの仕方だとファウルになってしまいます。これはボール保持者のドリブルに対しても同じなので注意しましょう。

チームディフェンス

メニュー 144

カットアウェイに対するクッション

レベル ★★★★
人数 8人〜
場所 ハーフコート

ねらい ボールから遠ざかるオフェンス（カットアウェイ）に対する、ディフェンスの距離感（クッション）を覚える。目安は、ボールとディフェンスの両方を手で指せる範囲内にポジションをとること

手順

① 4対4で行う。ボール保持者（A）はパスを出したあと、カットアウェイする（ボールとは違う方向に走り込む）

② Aについているディフェンス（B）は、パスを受けたオフェンスのドリブルとマークの相手へのパスの、どちらにも対応できるポジションをとる

③ 一定時間内に繰り返してこの動きを行う

4対4で行う。オフェンス側（白）のボール保持者（A）は、パスを出したあとにその方向とは違う方向に走る（Bはボール保持者のディフェンス）

BはAとパスの受け手の両方に対応できるポジションに移動する

指導者MEMO

左のメニューと同様に、チーム全体で守るために、各選手が基本的なディフェンスの技術を身につけるためのもの。慣れるまではゆっくりと行うことからはじめ、じょじょにスピードアップしていくとよいでしょう。

ワンポイントアドバイス

自分がマークしているオフェンスとボール、両方を把握する姿勢は「ピストルスタンス」といいます。これは、両手で拳銃の形をつくり、同時に撃てる姿勢であることからこう呼ばれています。これを習慣にすることで視野が広がるでしょう。

チームディフェンス

メニュー 145

スクリーンに対する ディフェンス

レベル ★★★★☆

人数　8人〜
場所　ハーフコート

ねらい　オフェンス側のスクリーンプレイに対応するための第一歩。
ボールから離れた位置での相手のスクリーンをかわす動きを身につける

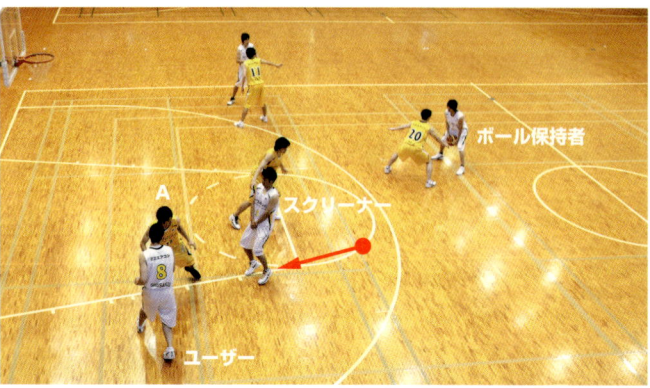

4対4で行う。オフェンス側（白）の1人（スクリーナー：任意）が、ボールから離れたところでスクリーンをかけにいく

手 順

① 4対4で行う。オフェンス側のボールを保持していない選手の1人（スクリーナー：任意）が、味方がフリーでボールを受けられるようにスクリーンをかけにいく

② ユーザーのディフェンス（A）は、スクリーンにかからないようにしっかりとついていく

③ 一定時間内に繰り返してこの動きを行う

ユーザーのディフェンス（A）は、スクリーンをかいくぐってついていく

指導者MEMO
スクリーンを利用して移動しようとするオフェンスに対応する基本は、スクリーナーにぶつからないように移動して、マークし続けることです。そのためには、しっかりと顔を上げて、自分がマークしているオフェンス以外の選手の動きも常に意識しておくことが重要です。

NG
スクリーンが立っているにもかかわらず、そのままぶつかってしまうと自分がマークする選手を見失ってしまいます。オフェンス側が仕掛けたスクリーンにかからないように、状況をよく見てディフェンスすることが大切なのです。

チームディフェンス

レベル ★★★★☆

メニュー 146 ファイトオーバー

人数 8人〜
場所 ハーフコート

ねらい ボール保持者に対する相手のスクリーンをかわす動きを身につける。
基本はスクリーンをかいくぐりマークを続けること

手順

① 4対4で行う。オフェンス側のボールを保持していない選手の1人（スクリーナー：任意）が、ボール保持者のディフェンス（A）にスクリーンをかけにいく

② Aは、スクリーンにかからないようにしっかりとついていく

③ 一定時間内に繰り返してこの動きを行う

4対4で行う。オフェンス側（白）の1人（スクリーナー：任意）が、ユーザー（ここではボール保持者）のディフェンス（A）にスクリーンをかけにいく

Aはスクリーンをかいくぐって、ユーザーについていく

指導者MEMO

ボール保持者がスクリーンを利用する際にも、そのディフェンスはスクリーンをかいくぐりながらマークし続けることが基本です。これを「ファイトオーバー」といいます。少しでもマークを緩めてしまうとシュートを打たれてしまうので、スクリーナーをマークするディフェンスも協力することが欠かせません。

アレンジ

スクリーンにかからない方法として、スクリーナーの逆側（裏側）から走ってマークを継続する「スライド」という方法や、ユーザーとスクリーナーがマークする相手を交換する「スイッチ」という方法もあります。いずれにしても、ディフェンス同士が声をかけあい連係をとることが欠かせません。

メニュー 147　ショウ&リカバリー

チームディフェンス

レベル ★★★★★
人数 8人〜
場所 ハーフコート

ねらい　ユーザー（166ページ）に対して、スクリーナー（166ページ）のディフェンスが姿を見せて威嚇し、プレイを遅らせるプレイを「ショウ・ディフェンス」という。そこからリカバリーする（もとのマークに戻る）動きを身につける

オフェンス側（白）の1人（スクリーナー）がユーザーのディフェンスにスクリーンをかけにいく

ユーザーはスクリーンを利用してドリブルで移動しようとする

スクリーナーについていたディフェンス（A）は姿を見せて、ドリブルをとめる

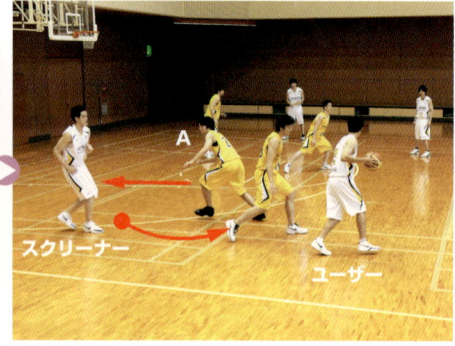

ドリブルが止まったら、Aはすぐにもとのマークに戻る

手順

① 4対4で行う。オフェンス側（白）の1人（スクリーナー：任意）がユーザー（ここではボール保持者）のディフェンスにスクリーンをかけにいく

② スクリーナーのディフェンス（A）はユーザーに姿を見せて、ユーザーのマークにつくふりをする

③ ユーザーのドリブルが止まった瞬間に、Aはすばやくもとのマークに戻る

④ 一定時間内に繰り返してこの動きを行う

指導者MEMO　ショウ・ディフェンスをしたときに、そのままマークマンを交換するディフェンス、すなわち「スイッチ」で対処することも可能です。しかし、身長のミスマッチ（不一致）になりやすいため、同じ選手を継続してマークすることを基本とします。

チームディフェンス

メニュー 148 トラップ

レベル ★★★★★
人数 8人～
場所 ハーフコート

ねらい スクリーンを利用したオフェンスに対して、それを逆手にとったトラップ（罠）をしかける。ボール保持者に対して2人がかりでボールを奪いにいく

オフェンス側（白）の1人（スクリーナー）がユーザーのディフェンスにスクリーンをかけにいく

ユーザーはスクリーンを利用してドリブルで移動しようとする

スクリーナーのディフェンス（A）はいちはやくユーザーのディフェンスにまわる

ユーザーのディフェンス（B）も加わり、2人がかりでボールを奪いにいく

手順

①4対4で行う。オフェンス側（白）の1人が、ユーザー（ここではボール保持者）のディフェンスにスクリーンをかけにいく

②スクリーナーのディフェンス（A）は、いちはやくユーザーのディフェンスにまわる

③ユーザーのディフェンス（B）も加わり、2人がかりでボールを奪いにいく

④一定時間内に繰り返してこの動きを行う

指導者MEMO 2人がかりでボールを奪いにいくということは、フリーのオフェンスが必ずいるということ。トラップをしかける場合は、リスクを背負っていることも忘れないようにしましょう。

チームディフェンス

メニュー 149　4対4

レベル ★★★★☆
人数 8人～
場所 ハーフコート

ねらい　本章のここまで紹介したメニューのまとめでもある、より試合に近いかたちでのチームディフェンス練習

決まりごとを設けない4対4。
ディフェンス側はとにかくゴールを許さないこと

手順

①オフェンス側は1対1やスクリーンプレイなどを使い、自由に攻める

②ディフェンス側は状況に応じた対応で、ゴールを許さないようにする

指導者MEMO　オフェンス側はとくに決まりごとを設けずに自由に攻め、それに対してディフェンス側は状況に応じたプレイでゴールを許さないようにします。試合よりもお互いに1人少ないので、スペースの意識づけが重要になります。

チームディフェンス

メニュー 150　トランジションディフェンス

レベル ★★★★☆
人数 8人～
場所 オールコート

ねらい　仲間と協力してオフェンス側の速攻を防ぐ

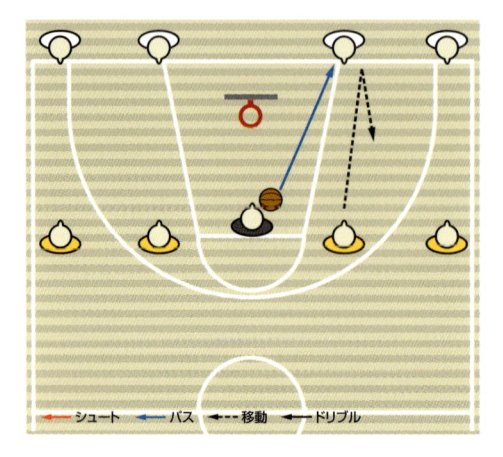

手順

①パス出しの選手（コーチでもよい）がボールを持ち、選手は図のように並ぶ

②パス出しの選手がオフェンス側（白）の選手にパスを出してスタート

③オフェンス側は、味方がボールを受けたら即座に反対側のゴールを目指す

④ボールを受けたオフェンスの向かいにいるディフェンスは、ベースラインに一度タッチしてからディフェンスに加わる

←シュート　←パス　←--移動　←ドリブル

指導者MEMO　仲間が加わるまで、ディフェンス側は数的に不利な状況にあります。そのような状況では、1人のディフェンスが2人をケアできるポジションをとることが基本となります。

チームディフェンス

メニュー 151 2-3 ゾーンディフェンス

レベル ★★★
人数 10人〜
場所 ハーフコート

ねらい エリアで守るシステムをゾーンディフェンスという。そのなかでももっともオーソドックスなかたちである「2-3」を覚える

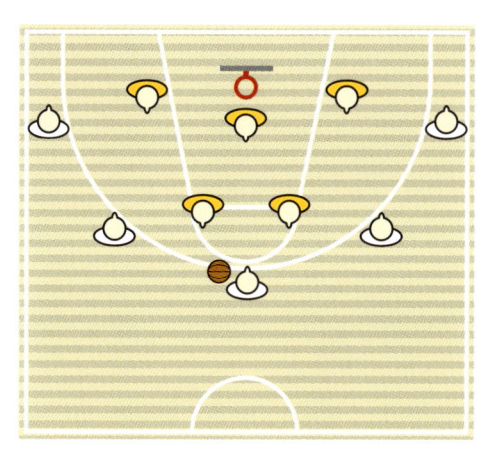

手順

① 5対5で行う。ディフェンス側（黄）はゴールを背に、前列に2人、後列に3人がポジションをとる

② オフェンス側（白）は自由に攻め、ディフェンス側はゴールを許さないようにする

指導者MEMO
1対1で対処するマンツーマンとは違い、エリアを防ぐシステムを「ゾーンディフェンス」といいます。とくにこの2-3ゾーンは、相手の大きな選手を抑える際によく使われる、オーソドックスなタイプ。各ディフェンスは自分のエリアに入ってきたオフェンスをケアし、深追いはしません。

メニュー 152 3-2 ゾーンディフェンス

レベル ★★★
人数 10人〜
場所 ハーフコート

ねらい ゾーンディフェンスの陣形の選択肢を増やす。この「3-2」は前列に選手を多く配備し、アウトサイドのプレイを警戒するためによく使用される

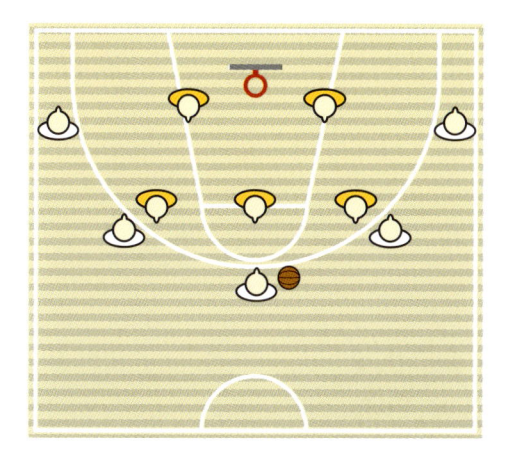

手順

① 5対5で行う。ディフェンス側（黄）は自陣のゴールを背に、前列に3人、後列に2人がポジションをとる

② オフェンス側（白）は自由に攻め、ディフェンス側はゴールを許さないようにする

指導者MEMO
ゾーンディフェンスには、このほかに中央と最後尾に長身選手を配置し、十字型に並ぶ「1-3-1」などがあります。この「1-3-1」には、ポストプレーや前方からのロングシュートに強いという特徴があります。

チームディフェンス

レベル ★★★★☆

メニュー 153 ゾーンプレス

人数 10人〜
場所 オールコート

ねらい オールコートでのゾーンディフェンスを仕掛け、相手にうまくボールを運ばせないようにする

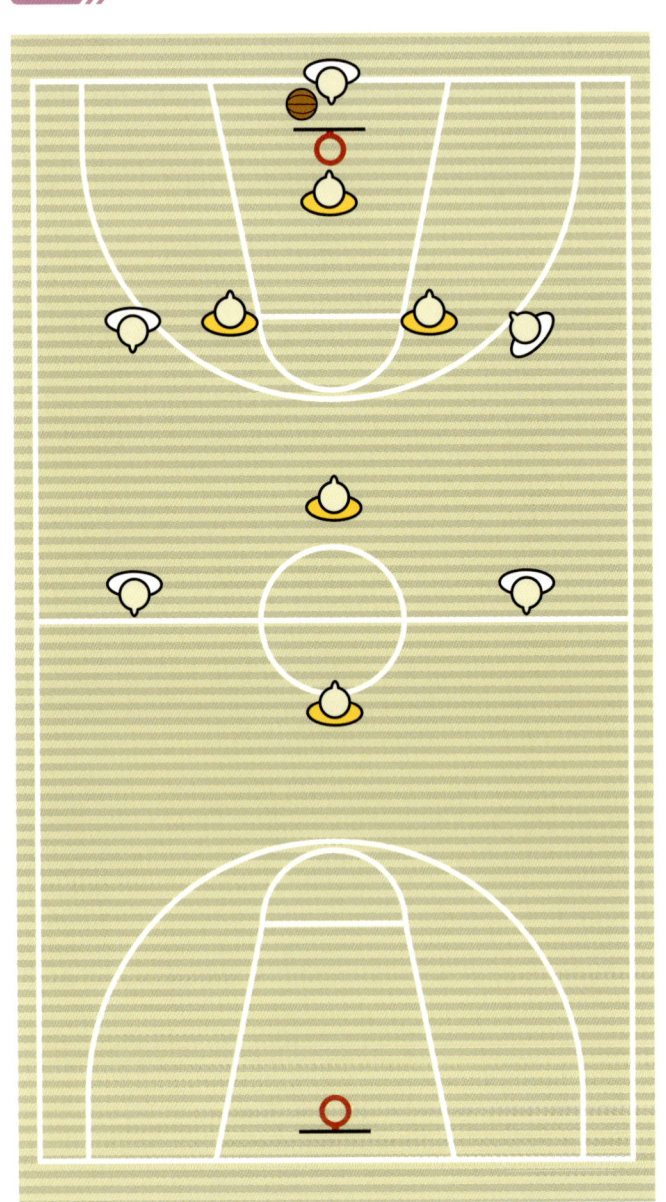

手順

① 5対5で行う。ディフェンス側（黄）は、オールコートに渡り、図のように1-2-1-1の陣形をとる

② オフェンス側（白）がベースラインからボールを入れるところからスタート。ディフェンス側は自陣に入らせないようにディフェンスする

指導者MEMO

ゾーンプレスは、体力的な負荷が大きいため、「ここぞ」というときに一時的に行うのが一般的です。自分たちがフリースローで得点を決めた直後などにゾーンプレスを行うことで、相手チームの攻撃リズムを狂わせるきっかけをつくることができます。

ワンポイントアドバイス

ゾーンプレスには、ほかにも2-2-1などの陣形があります。とくに、この2-2-1は、サイドにいる選手にボールが渡った瞬間によく使われます。そこから相手にドリブルやパスをさせず、時間をかけさせられることができれば、ディフェンスにとって成功となります。

第10章
基礎体力UP
Basic Physical Strength

よい選手になるためには、
しっかりとした基礎体力も求められます。
単調なメニューとなりがちですが、
日々の練習に工夫して取り入れましょう。

基礎体力UP

技術解説 体力トレーニングの考え方

POINT 1 バスケットボール選手には筋力トレーニングやストレッチは不可欠

　バスケットボールにおいて、スピードがあることはよい選手の条件の1つです。なかでも、動き出しや減速、停止、方向転換の速さが重視したいポイントになります。これらの能力を高めるためにはベースとなる筋力が必要になります。また、持久力については、バスケットボールには短いダッシュやジャンプ、コンタクトなどの高強度の運動と、ファールやメンバー交替などによる短い休息が交互に繰り返されるという特徴があります（これを「間欠的運動」といいます）。一定のペースで走るマラソンとは違い、バスケットボールは運動強度や、運動時間、休息時間がめまぐるしく変化する運動形態であり、1試合を通して激しいトランジション（攻防の切りかえ）に耐えうる持久力が必要となります。試合が何よりのトレーニングであることは事実ですが、そればかりでは、なかなか必要となる運動能力を備えることはできません。日頃の練習メニューのなかに、チームや選手に応じた工夫をして、それらを養うトレーニングを取り入れましょう。

　また、ストレッチも必要不可欠です。ケガの予防のためとしてはもちろんのこと、成長期は筋肉よりも骨のほうが早く大きくなるため、筋肉が硬くなりやすいという一面があります。一度硬くなった筋肉は大人になってから柔らかくしようとしてもなかなか難しいものですので、とくに成長期の選手は筋力トレーニングとセットで身体の柔軟性を高めるストレッチを必ず組み込むようにしましょう。

　なお、本章では、各メニューを「スキル系」「パワー系」「スタミナ系」の3つに大別し、中学生男子を基準とした目安となる時間・回数を掲載しています。体力には個人差があり、また、女子についても、男子と同様に筋力トレーニングは必要ですので、選手の筋力が足りないようであれば、回数ややり方を工夫して行いましょう。逆に負荷が少ないと感じる場合も同様です。基本的には、崩れずに正しいフォームでできる回数を行うことを目安として考えるとよいでしょう。

体力トレーニングの区分

①スキル系
とくに柔軟性、俊敏性を養うのに役立つメニュー

②パワー系
とくに筋力・パワーを強化するのに役立つメニュー

③スタミナ系
とくに持久力をつけるのに役立つメニュー

協力／小山孟志（日立サンロッカーズ ストレングス&コンディショニングコーチ）

POINT 2　小学生は技術習得、中学生は持久力、高校生は筋力が伸びる

体力トレーニングでとくに気をつけたいのが成長期の考え方であり、そのキーワードは「タイミング」になります。成長期の発育・発達パターン（図参照）を見ると、いろいろな能力が同時に発達していくのではなく、能力によって伸びる時期が微妙にずれていることがわかります。年齢によってどのような能力が発達する時期なのかを知り、それに合わせてトレーニングを行う必要があるというわけです。

まず、小学生年代。この時期は技術が一番伸びる年代ですので、ボールをたくさん触って、技術を身につけながら、ベースとなる筋力や動きの巧みさを養っていくとよいでしょう。また、試合形式の練習を行うことで、持久力も自然にアップしていきます。したがって、あまり難しく考えず、「できるだけボールをたくさん使ったトレーニング」を意識しましょう。

中学生年代は、持久力を伸ばすのに一番適した時期です。持久力は年齢とともに比例的に増加し、この年代には成人とほぼ同レベルになります。したがって、この時期のスタミナを養うトレーニングが将来を決めるといっても過言ではありません。とくにセンター（60ページ）を担うような背が高い選手は、練習中の運動量が少なくなりがちであるため、しっかりと走るトレーニングをしておく必要があります。

高校生年代は、発育の完成期を迎える時期です。バスケットボールはボディーコンタクトやリバウンドなど短時間で大きなパワーを発揮する能力が要求されるスポーツですが、そういった能力を高めるために、この年代から本格的にウエイトトレーニングやジャンプ系のトレーニングを行っていきましょう。また、その準備段階として、中学生年代までに自体重を利用した筋力トレーニングをしておく必要があります。

なお、ここでは目安として各年代を分類しましたが、成長過程や体力レベルには個人差があります。指導者の方は、一概に決めつけるのではなく、対象となる選手のレベルを見極めるように心がけましょう。

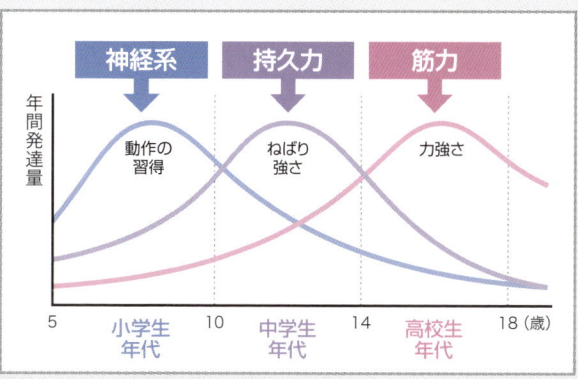

■発育・発達パターンと年齢別強化方針／出典：宮下充正（1986）に一部加筆

基礎体力アップ

メニュー 154 太モモの裏側のストレッチ①

スキル系 | パワー系 | スタミナ系

場所 どこでも可
目安 15〜20秒

ねらい 太モモの裏側の柔軟性を高め、ケガを予防する

片足を曲げて、背中を丸めるのではなく、股間節の付け根から前に倒すような意識で行う

手順

① 足を伸ばして地面に座る
② 片足を曲げて、その足の裏をもう一方の太モモにつける
③ 伸ばした方の足に向かって身体を前に倒す
④ そのままの姿勢を維持する

指導者MEMO 背中を丸めるのではなく、股関節の付け根から上体を前に倒すように。太モモの裏(ハムストリングスという)は肉離れが起こりやすい部位なので入念に行いましょう。

基礎体力アップ

メニュー 155 太モモの裏側のストレッチ②

スキル系 | パワー系 | スタミナ系

場所 どこでも可
目安 15〜20秒

ねらい 太モモの裏側の柔軟性を高め、ケガを予防する

背中を地面につけて、片足をまっすぐ上に上げる

手順

① 仰向けになる
② 写真のように、太モモの裏を両手で持ちながら、片足をまっすぐ上げる
③ そのままの姿勢を維持する

指導者MEMO 上のメニューと同様に太モモの裏を伸ばすストレッチ。より入念に行いたい部位なだけに、いくつかのバリエーションで行います。上げないほうの足は、地面から浮かないようにすること。

基礎体力アップ

メニュー 156

臀部のストレッチ①

スキル系 パワー系 スタミナ系

場所　どこでも可

目安　15〜20秒

ねらい　お尻と腰の柔軟性を高め、ケガを予防する

手順

① 仰向けになる

② 写真のように両足を抱え、ヒザを胸に引き寄せる

③ そのままの姿勢を維持する

指導者MEMO
ストレッチでは、伸ばしたい部位をしっかりと意識して行うことが大切です。このメニューはお尻、さらには腰を伸ばすものですので、それらが伸びていることを意識して行うようにしましょう。

両足を両手で抱え込み、ヒザを胸に引き寄せる。
お尻と腰の伸びを意識するように

基礎体力アップ

メニュー 157

臀部のストレッチ②

スキル系 パワー系 スタミナ系

場所　どこでも可

目安　15〜20秒

ねらい　お尻と腰の柔軟性を高め、ケガを予防する

手順

① 仰向けになる

② 写真のように足を交差し、一方の足の太モモを両手で抱える

③ 抱えた足を胸に引き寄せて、そのままの姿勢を維持する

指導者MEMO
上のメニューと同様にお尻、さらには腰を伸ばすストレッチです。4の字に足をかけることによって、足をかけているほうのやや横側の部分を伸ばすことができます。

足を4の字に組み、太モモを胸へと引き寄せる。
おもに組んだ足のほうのお尻が伸ばされる

基礎体力アップ

メニュー 158 臀部のストレッチ③

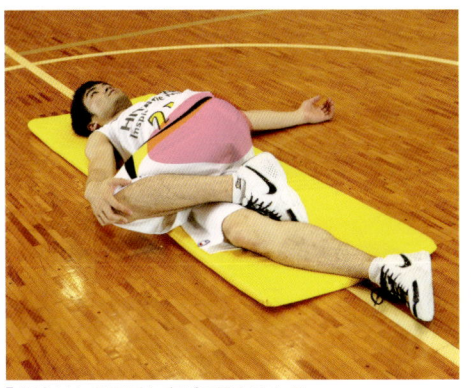

スキル系 | パワー系 | スタミナ系

場所　どこでも可
目安　15〜20秒

ねらい　ひねりを加えて、お尻と腰の柔軟性を高め、ケガを予防する

手順

① 仰向けになり、両手を広げる

② 写真のように、腰をひねり、片手でクロスした足を抑える

③ そのままの姿勢を維持する

仰向けから両手を広げて腰をひねる。
クロスした足を下の足にひっかけると伸ばしやすい

指導者MEMO　両肩を地面から浮かせないようにし、クロスした足を、下の足にひっかけて行うようにすると、伸ばしやすくなります。

基礎体力アップ

メニュー 159 太モモの前面のストレッチ

スキル系 | パワー系 | スタミナ系

場所　どこでも可
目安　15〜20秒

ねらい　太モモの前面の柔軟性を高め、ケガを予防する

手順

① 横向きに寝る

② 写真のように、上側の足を曲げ、その足の先を手でつかむ

③ そのままの姿勢を維持する

横向きになり、上側の足を曲げる。曲げたほうの足のヒザはできるだけ身体の後ろに持ってくる

指導者MEMO　太モモの前側をしっかりと伸ばすために、できるだけ曲げたほうの足のヒザは身体の後ろ側に持ってくるようにすること。股関節の付け根のほうまで伸びるように意識します。

基礎体力アップ

メニュー 160

太モモの内側の ストレッチ

スキル系 パワー系 スタミナ系

📍 場所　どこでも可
🕐 目安　15〜20秒

ねらい　太モモの内側の柔軟性を高め、ケガを予防する

手順

① 両手と両ヒザを地面につく
② 両ヒザの間隔を広げる
③ 体重を後ろにかけていく
④ そのままの姿勢を維持する

両手と両足を地面について、ヒザを広げる。
体重は後ろにかけるほど太モモの内側が伸ばされる

指導者MEMO　体重を後ろにかければかけるほど、太モモの内側が伸ばされることになります。適度なストレッチ感が得られるところに調節して、無理のない範囲で行いましょう。

基礎体力アップ

メニュー 161

ふくらはぎの ストレッチ

スキル系 パワー系 スタミナ系

📍 場所　どこでも可
🕐 目安　15〜20秒

ねらい　ふくらはぎの柔軟性を高め、ケガを予防する

手順

① ヒザを伸ばした状態で両手をつく
② 写真のように、足を交差させて、かかとをつける
③ そのままの姿勢を維持する

両手をついた状態から足を交差させて、接地している足のかかとをしっかりと地面につけるようにする

指導者MEMO　ヒザを伸ばしてストレッチするパターンと、同じ姿勢のままヒザを曲げてストレッチするパターンの両方を行うとさらに効果的です。

基礎体力アップ

メニュー 162 ランジウォーク

スキル系 パワー系 スタミナ系

場所 ハーフコート以上
目安 14～28m

ねらい 股関節の動きのスムーズさを高め、下半身の筋力をアップする

手順

① 手を腰に当て、片足を大きく引き上げる

② そのまま、大きく前に踏み出す

③ これを繰り返して前へと進む

④ 同じ動作で後ろ向きも行う

指導者MEMO
メニューNo.154～161のように動作を静止して行うストレッチを「スタティックストレッチ」というのに対して、このメニューのように動きをともなうものは「ダイナミックストレッチ」といいます。おもにウォーミングアップに組み込むと効果的です。

基礎体力アップ

メニュー 163 四股（しこ）ウォーク

スキル系 パワー系 スタミナ系

場所 ハーフコート以上
目安 14～28m

ねらい 股関節を広げて動きのスムーズさを高め、下半身の筋力をアップする

手順

① 写真のように、両足を開いて腰を落とす。相撲の四股の状態

② 足を交互に出しながら、少しずつ前へと進む

指導者MEMO
上半身は起こして常に正面を向くようにし、股関節から動きを起こすようにします。動作中、ヒザが内側に入ったり、背中が丸まったりしないように注意。

基礎体力アップ

メニュー 164 パワースキップ

スキル系 | パワー系 | スタミナ系

場所　ハーフコート以上
目安　14〜28m

ねらい　股関節の動きのスムーズさを高め、下半身の筋力や瞬発力をUPする

大きなモーションで行うスキップ。
できるだけ高くジャンプする

手順
① 写真のように、大きく手を振りながら、片足で高くジャンプし、ジャンプした足で着地する
② 続いて逆の足も行う。これを繰り返して前へと進む

指導者MEMO
いわゆるスキップを、大きな動作で行うメニューです。モモを高く上げて、できるだけ高くジャンプすることによって、ジャンプ力を養うことにもつながります。後ろに進むパターンも行いましょう。

基礎体力アップ

メニュー 165 バックキック

スキル系 | パワー系 | スタミナ系

場所　ハーフコート以上
目安　14〜28m

ねらい　太モモの裏側の筋肉を使って足を引き上げながら、下半身の筋力や瞬発力を強化する

両手をお尻に当て、その手に足が触れるように
大きく蹴り上げながら前へと進む

手順
① 手のひらを外側に向けて、両手をお尻の位置に置く
② 写真のように、足を手に触れるように大きく後ろに蹴り上げながら、前へと進む

指導者MEMO
ストレッチとしての意味合いに加えて、太モモの裏側の筋の収縮速度（縮むスピード）を上げることに役立つメニューです。結果として瞬発力の強化にもつながります。

基礎体力アップ

メニュー 166 ヒップローテーション

スキル系 [パワー系] [スタミナ系]

場所　ハーフコート以上
目安　14〜28m

ねらい　股関節まわりの回転をともなう動きをスムーズにする

片足を外側に高く上げて、大きく外側から内側へと運ぶ

手順

① 写真のように、片足を外側に高く上げて、ゆっくりと外側から内側へと運ぶ

② 続けて逆の足も行う。これを繰り返して前へと進む

指導者MEMO　ポイントは、上げたほうのヒザを大きな円を描くように大きくまわすこと。外側から内側が終わったら、内側から外側も行いましょう。

基礎体力アップ

メニュー 167 カリオカ

スキル系 [パワー系] [スタミナ系]

場所　ハーフコート以上
目安　14〜28m

ねらい　腰のひねり動作と股関節まわりの動きのスムーズさを高める

腰をひねりながら足をクロスさせて、横方向へと移動するステップ

手順

① 上半身は常に正面を向くようにキープしたまま、腰をひねりつつ、横へと動く

② 左へと進む場合、まずは写真のように、腰をひねりながら左足の前を通して右足をクロスさせる

③ 続いて、左足を右足の横に出して、元の姿勢に戻る

④ 続いて、腰をひねりながら今度は左足の後ろを通して右足をクロスさせる。これを繰り返して、横に進む

指導者MEMO　バリエーションとして、同じような動きをしながら、前足を高く上げて大きくまわすパターンや、それとは逆に後ろ足を高く上げて大きくまわすパターンがあります。

メニュー 168 基礎体力アップ

レッグスイング（フロント）

スキル系

場所 ハーフコート以上
目安 14〜28m

ねらい 太モモの裏側を伸ばしながら、股関節の前後への可動域を広げる

手順

① 写真のように、ヒザを伸ばしたまま前へと片足を高く上げて、上げた足とは逆側の手でタッチする

② 続けて逆の足も行う。これを繰り返して前へと進む

指導者MEMO
ヒザを曲げないように気をつけながら、できるだけ高く上げるように行います。ただし、足を高く上げられない選手は、自分のできる範囲で行うように。背筋を丸めて無理やり上げるのはNGです。

ヒザを伸ばしたまま片足を前へと高く上げて、上げた足と逆側の手でタッチしながら進む

メニュー 169 基礎体力アップ

レッグスイング（サイド）

スキル系

場所 ハーフコート以上
目安 14〜28m

ねらい 太モモの内側を伸ばしながら、股関節の左右への可動域を広げる

手順

① 写真のように、ヒザを伸ばしたまま横へと片足を高く上げて、上げた足とは同じ側の手でタッチする

② 続けて逆の足も行う。これを繰り返して前へと進む

指導者MEMO
上のメニューが前後に行ったのに対して、こちらは左右への股関節の可動域を広げるためのものです。同じように、背筋を伸ばしてできるだけヒザを曲げないように行うのがポイントです。

ヒザを伸ばしたまま片足を横へと高く上げて、上げた足と同じ側の手でタッチしながら進む

基礎体力アップ

メニュー 170　ハイニー

スキル系 | パワー系 | スタミナ系

場所　ハーフコート以上
目安　14m

ねらい
腕を大きく前後に振りながら足の引き上げ動作をスムーズに行い、股関節の可動域を広げる

手順
① モモを高く上げながら走って、前へと進む
② 腕の振りは肩甲骨が大きく動くように意識する

指導者MEMO
モモを高く上げながら走る、いわゆるモモ上げ。足を下ろす際には、腰の真下に下ろすような意識で行うこと。腕はヒジを軽く曲げて固定し、肩を軸にして肩甲骨が大きく動くように前後に振ります。

モモを高く上げながら前へと進む。
腕の振りは肩甲骨が大きく動くように前後に振る

基礎体力アップ

メニュー 171　スラローム

スキル系 | パワー系 | スタミナ系

場所　ハーフコート以上
目安　コーン8〜10個

ねらい
バスケットボールのさまざまな動きのベースとなる、ステップに必要な脚力や瞬発力を養う

手順
① コーンを等間隔（目安は約1m）で並べる
② コーンにぶつからないように、ジグザグに進む

指導者MEMO
コーンがなければ、ペットボトルや選手でも代替は可能です。ターンの方法には、足をクロスしないタイプ〈アウトサイドカット〉と足をクロスするタイプ〈インサイドカット〉とがあるので、両方行うようにするとよいでしょう。

コーンを1m間隔で8〜10個並べその間をジグザグに進む

基礎体力アップ

メニュー 172 バックラン〜ダッシュ

スキル系 パワー系 スタミナ系

📍 場所　ハーフコート以上
⏱ 目安　コーン8〜10個

ねらい 減速、停止、方向転換といった、走りにともなう動きの速さを養う

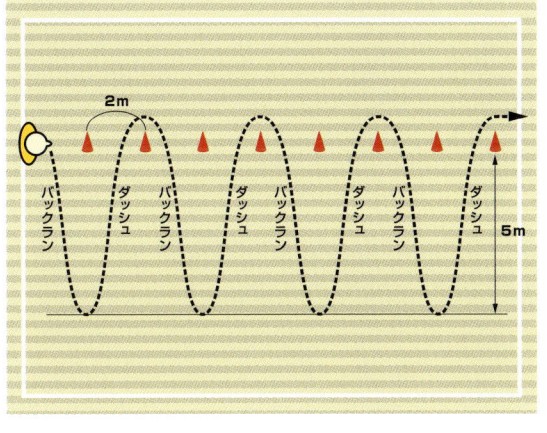

手順

① コーンを等間隔（目安は約2m）で8〜10個並べる

② 図のような動きで行う。まずは、コーンから5m先のラインまでバックラン（後ろ走り）をして、ラインを片手でタッチ。そこからダッシュして、コーンへと向かう。

③ コーンを折り返したら、ふたたびラインまでバックラン。これをコーン分繰り返す

指導者MEMO　とくに重要なのは、バックランからダッシュへの切りかえの際の2歩。低い姿勢から、できるだけすばやくダッシュするように心がけましょう。

基礎体力アップ

メニュー 173 20mアジリティ

スキル系 パワー系 スタミナ系

📍 場所　ハーフコート以上
⏱ 目安　5〜6秒

ねらい 減速、停止、方向転換といった、走りにともなう動きの速さを養う

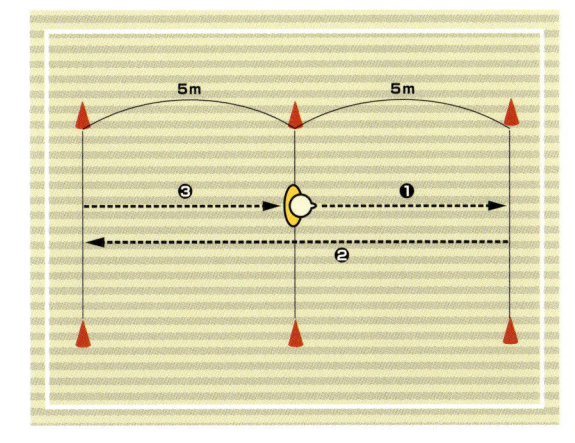

手順

① 図のように中央のラインから5m走ったら片手でラインをタッチして180度ターンする

② そこから10m走ったら、最初にタッチした手とは逆の手でラインをタッチして、再度180度ターン。そこから5m走ってゴール

指導者MEMO　ゴールまでの目安は5〜6秒。ストップウォッチなどを用いて、計測しながら行うようにしましょう。

基礎体力アップ

メニュー 174 ペイントアジリティ

スキル系 パワー系 スタミナ系

場所 ハーフコート
目安 20～22秒×2セット

ねらい さまざまなステップ（とくにディフェンス時）の速さを養う

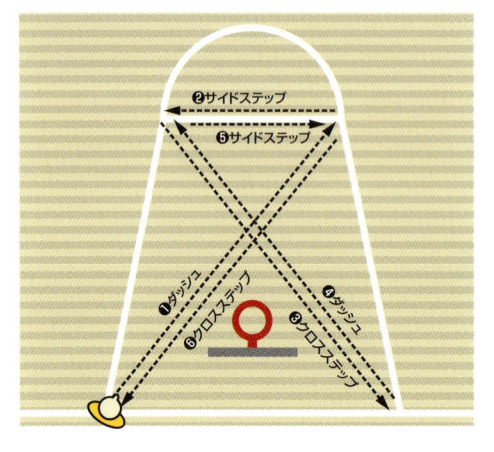

手順

① 制限区域で行う。図のように、まずは右斜め前にダッシュする

② 続いてフリースローライン上を左へサイドステップで移動する

③ 続いて右斜め後ろにクロスステップで移動する

④ エンドラインについたら、今度は左斜め前にダッシュ、そこから右へとサイドステップ、続いて、左斜め後ろへとクロスステップで移動する

⑤ これを20～22秒で2回繰り返す。

指導者MEMO いろいろなステップを複合的に行うメニューです。身体は常に正面を向いてディフェンスのイメージで行いましょう。

基礎体力アップ

メニュー 175 ステップ50

スキル系 パワー系 スタミナ系

場所 ハーフコート
目安 13～15秒

ねらい さまざまなステップ（とくにディフェンス時）の速さを養う

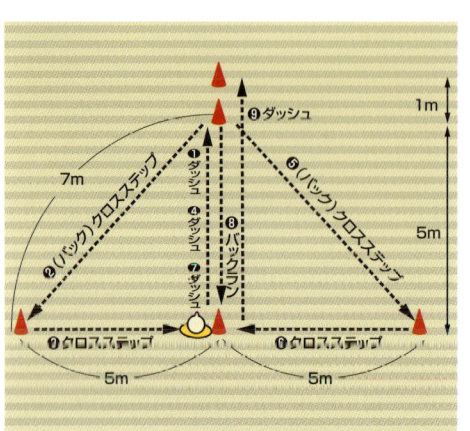

手順

① 図のようにコーンを置き、図の番号の順番に、たとえば以下のようにいろいろなステップで移動する。❶ダッシュ、❷（バック）クロスステップ、❸クロスステップ、❹ダッシュ、❺（バック）クロスステップ、❻クロスステップ、❼ダッシュ、❽バックラン（後ろ走り）、❾ダッシュ

指導者MEMO 日本サッカー協会のフィジカル測定ガイドラインに掲載されているメニュー。激しい動きの多いスリーポイントエリア内でのディフェンスの対応をイメージしたメニューです。

基礎体力アップ

メニュー 176 スクワット

スキル系 **パワー系** スタミナ系

- 場所　どこでも可
- 目安　20回×2〜3セット

ねらい　下半身の基礎的な筋力を高める。すべての基本となるバスケットボール・ポジション（26ページ）を維持するためにも必要なメニュー

手順

① 写真のように、つま先を外に向けて足をやや広めに開き、両腕を前に出す

② そのまま太モモが床と平行になるまで、腰を落とす。

③ 「1、2」の2カウントで30cm程立ち上がって、「1、2、3」と3カウントでしゃがむ。

指導者MEMO　背中は真っすぐに起こして行うように。また、ヒザが内側に入ったり前に出すぎたりしないように要注意。ヒザは必ずつま先の方向を向くようにします。

基礎体力アップ

メニュー 177 ブリッジ

スキル系 **パワー系** スタミナ系

- 場所　どこでも可
- 目安　10回

ねらい　走力やジャンプ力UPのために必要な太モモの裏面の筋力をアップする

手順

① 仰向けになり、両手を身体の横にそえる。両足を曲げて、ヒザを立てる

② 写真のように、お尻を持ち上げる

指導者MEMO　お尻と太モモの裏面の筋肉を強化するためのメニューです。肩からヒザが一直線になるようにお尻を持ち上げます。バリエーションとしては、片足で行うこともできます。

仰向けになり、ヒザを立ててお尻を持ち上げる

基礎体力アップ

メニュー 178 プッシュアップ

スキル系 **パワー系** スタミナ系

場所　どこでも可
目安　20回×2〜3セット

ねらい　胸を中心に上半身の押す動作に関係する筋力をUPする

手順

① うつ伏せになり、両腕を真横に広げる

② 両腕を真横に伸ばした状態でヒジのある位置に両手をつく

③ そのまま両腕の力で身体を持ち上げる

④ ヒジを曲げて、胸が地面につくぐらいまで上体を沈ませる

⑤ 動作中つねに肩、腰、足が一直線のまま、上げ下げを繰り返す

いわゆる腕立て伏せ。しっかりと胸が地面に触れるまで下げる。横から見て身体が一直線になるように

指導者MEMO　体のラインが一直線になるように意識しましょう。地面につく手の幅をかえることによって、鍛えられる部位を微妙にかえられます。手順で説明した位置をベースに、手のひら1個分内側と外側も行うようにしましょう。

基礎体力アップ

メニュー 179 ペアローイング

スキル系 **パワー系** スタミナ系

場所　どこでも可
目安　10回×2〜3セット

ねらい　背中を中心に上半身の引く動作に関係する筋力をUPする

手順

① 2人1組で行う。写真のように、向きあって座り、タオルを持ち合う

② 順番にタオルを身体のほうへと引きあう

肩甲骨をしっかりと内側に寄せることを意識して引き合う。戻しているときも筋肉の緊張は保つこと

指導者MEMO　身体のほうに引き寄せるときはもちろんのこと、戻しているときも力を抜かずに、常に引き合った状態を保ちながら行います。タオルを使用するのは、汗などで滑るのを防ぐため。引き寄せたときに肩甲骨をしっかり内側に寄せることがポイント。

基礎体力アップ

メニュー 180　体幹スタビリティ（フォーポイント）

スキル系　**パワー系**　スタミナ系

- 場所：どこでも可
- 目安：20秒×3セット

ねらい
体幹を強化する。結果として、シュートフォームを安定させたり、ボディコンタクトの強さを養うのに役立つ

手順

① うつ伏せになり、両ヒジを地面につける

② 写真のように身体を持ち上げ、肩、腰、足のラインが一直線になるようにして、そのままの姿勢を維持する

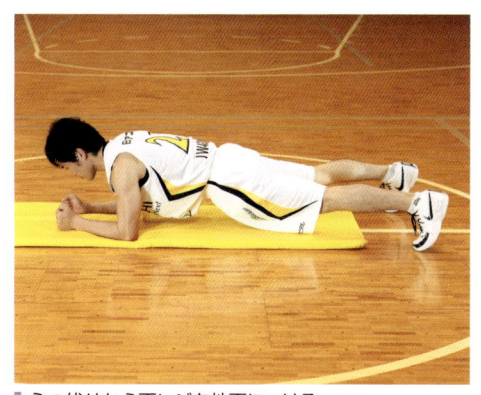

うつ伏せから両ヒジを地面につける。
そこから身体を浮かせて、その姿勢を維持する

指導者MEMO
体幹とは腹筋や背筋などの身体の幹になるお腹まわりのこと。ここを強化することは、総合的な身体能力のUPにつながり、バスケットボールでは、シュートフォームの安定やボディコンタクトの強さなどに影響します。

メニュー 181　体幹スタビリティ（サイド）

スキル系　**パワー系**　スタミナ系

- 場所：どこでも可
- 目安：20秒×3セット

ねらい
体幹を強化する。結果として、シュートフォームを安定させたり、ボディコンタクトの強さを養うのに役立つ

手順

① 横向けに寝て、下側のヒジを地面につける

② 写真のように身体を持ち上げて、地面についていないほうの腕を上に伸ばす。そのままの姿勢を維持する

横向けになって下側のヒジを地面につける。
そこから身体を持ち上げて、その姿勢を維持する

指導者MEMO
身体を持ち上げた際には、肩、腰、足ラインが一直線になるようにします。お腹が下がり、「く」の字に背筋が曲がってしまうのはNG。

基礎体力アップ

メニュー 182　体幹スタビリティ（片脚ブリッジ）

スキル系 / **パワー系** / スタミナ系

場所　どこでも可
目安　20秒×3セット

ねらい　メニュー180、181（227ページ）と同様に体幹を強化するためのメニュー。同時に太モモの裏側も鍛えられる

仰向けになり、片足を曲げてヒザを立てる。
お尻を持ち上げて足を浮かせ、その姿勢を維持する

手順

① 仰向けになり、両手を身体の横にそえる。片足を曲げて、ヒザを立てる

② 写真のように、お尻を持ち上げながら伸ばした足を浮かせる。そのままの姿勢を維持する。

③ 一方の足が終わったら、もう逆側の足でも同じセットだけ行う

指導者MEMO　お尻を持ち上げたときに、肩からヒザが一直線になるように注意しましょう。

基礎体力アップ

メニュー 183　シットアップ

スキル系 / **パワー系** / スタミナ系

場所　どこでも可
目安　10回×1～2セット

ねらい　お腹まわりの筋肉を重点的に強化する。反動を使わないように行うこと

仰向けになり、ヒザを曲げる。
両手を頭の後ろで組んで、上体を起こす

手順

① 仰向けになり、ヒザを曲げる。両手を頭の後ろで組む

② 反動を使わないように、頭から腰へとゆっくり上体を起こす

指導者MEMO　お腹の筋肉を鍛えるための、もっともポピュラーなメニューの1つ。ヒザを伸ばした状態で行うと、腰を痛める可能性もあるので、ヒザを立てて行うように。筋力の面で、両手を頭の後ろで組んで行うのが難しければ、胸の前で両手をクロスして行うとよいでしょう。

基礎体力アップ

メニュー 184 ツイスティング・シットアップ

スキル系 **パワー系** スタミナ系

- 場所　どこでも可
- 目安　10回×1～2セット

ねらい　身体をひねりながら、お腹まわりの筋肉を重点的に強化する

手順

① 仰向けになり、一方の手を身体の横において、もう一方の手を頭の後ろにおく。ヒザを曲げて、手を横に置いた側の足をもう一方のヒザの上に置く

② 写真のように、ひねりながら上体を起こして、ヒジをヒザにつける

③ 一方が終わったら、逆側も同じ回数だけ行う

指導者MEMO　身体をひねるときに使う筋肉を強化するためのメニューなので、ひねりを強く意識しましょう。

仰向けになって足を組み
身体をひねりながら上体を起こす

基礎体力アップ

メニュー 185 トゥータッチ

スキル系 **パワー系** スタミナ系

- 場所　どこでも可
- 目安　10回×1～2セット

ねらい　お腹まわりの筋肉を重点的に強化する。できるだけヒザを曲げないように行うこと

手順

① 仰向けになる

② できるだけヒザを曲げないように両足を上げながら、上体を起こして両手でつま先をタッチする

指導者MEMO　バリエーションとして右手で左足をタッチ、左手で右足をタッチというように体幹部のひねりを加えることも可能です。

仰向けから、両足を上げ、そこから上体を起こして、両手でつま先をタッチする

基礎体力アップ

メニュー 186 ペルビックレイズ

スキル系 **パワー系** スタミナ系

場所 どこでも可
目安 10回×1〜2セット

ねらい お尻を持ち上げる運動によって、お腹まわりの筋肉を重点的に鍛える

手順

① 仰向けになり、両手を身体の横に置く。お尻が浮くまで足を体に引き寄せる

② 右の写真のように、天井に向かって両足を伸ばしながら、お尻を持ち上げる

指導者MEMO 両足を下ろす際に勢いよく一気に下ろすと腰に過度の負担がかかるので、ゆっくりとスピードをコントロールしながら行います。

基礎体力アップ

メニュー 187 レッグサイクル

スキル系 **パワー系** スタミナ系

場所 どこでも可
目安 10回×1〜2セット

ねらい 上体をひねりながらお腹まわりの筋肉を重点的に強化する

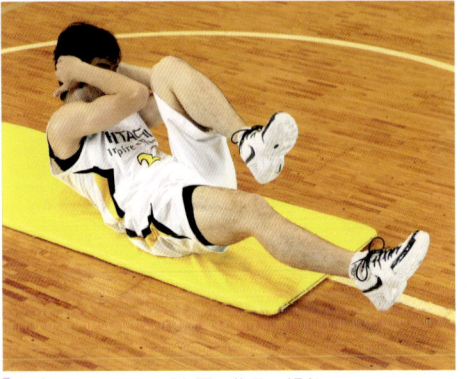

手順

① 仰向けになり、両手を頭の後ろで組む

② 写真のように、上体を起こして、身体をひねりながらヒジとヒザをつける（右ヒジなら左ヒザ）。これを交互に繰り返す

指導者MEMO メニューNo.183-186と同様に、腹筋を鍛えることがおもな目的です。ヒジとヒザをしっかりつけることを意識すると、より身体のひねりが強調されます。

仰向けになり、両手を頭の後ろで組む。
上体を起こして身体をひねる

基礎体力アップ

メニュー 188
シットアップ・オーバーヘッドスロー

スキル系 **パワー系** スタミナ系

場所 どこでも可
目安 10回×1～2セット

ねらい お腹まわりと上半身の瞬発力をUPする

手順

① バスケットボールを使って、2人1組で行う

② 写真のように、両ヒザを曲げて座り、頭上でパートナーが投げたボールをキャッチして、そのまま仰向けになる

③ 肩甲骨が地面についた瞬間にすばやく起き上がり、パートナーにオーバーヘッドスローで投げる

④ パートナーはパスを受けたら投げ返す

指導者MEMO バスケットボールのかわりにメディシンボール（トレーニング用のボール）を使うと、より負荷を高めることができます。

ボールを頭の上で持って寝た状態から、起き上がってオーバーヘッドスローで投げる

基礎体力アップ

メニュー 189
シットアップ・チェストスロー

スキル系 **パワー系** スタミナ系

場所 どこでも可
目安 10回×1～2セット

ねらい お腹まわりと上半身の瞬発力をUPする

手順

① バスケットボールを使って、2人1組で行う

② 写真のように両ヒザを曲げて座り、胸の前でパートナーが投げたボールをキャッチして、そのまま仰向けになる

③ 肩甲骨が地面についた瞬間にすばやく起き上がり、パートナーにチェストパスで投げ返す

④ パートナーはパスを受けたら投げ返す

指導者MEMO 上のメニューの別バージョンです。チェストパスのように、ボールをキャッチしたら胸の前からボールを離さずに起き上がってからボールをプッシュします。

ボールを胸の前で持って寝た状態から、起き上がってチェストパスで投げる

基礎体力アップ

メニュー 190 バランス・ワンハンドキャッチ＆スロー

スキル系／パワー系／スタミナ系

- 場所：どこでも可
- 目安：10回×1〜2セット

ねらい　バランス感覚を養いながら、お腹まわりを強化する

両足を浮かしてお尻でバランスをとりながら、パートナーとパスの交換をする

手順

① バスケットボールを使って、2人1組で行う

② 足を伸ばして座った状態から両足を浮かし、お尻を軸にバランスをとる

③ 写真のように、投げられたボールを片手でキャッチしパートナーへ投げ返す

指導者MEMO　慣れてきたら、パートナーが投げるボールの方向をランダムにしていくと、難易度が高まります。

基礎体力アップ

メニュー 191 ロッキー・プッシュアップ

スキル系／パワー系／スタミナ系

- 場所：どこでも可
- 目安：10回×1〜2セット

ねらい　上半身と体幹を鍛え、瞬発力をUPする

ボールを使った腕立て伏せ。
上体を持ち上げたときに、空中でボールを持ちかえる

手順

① 片手をボールの上におき、腕立て伏せの姿勢をとる

② ヒジを曲げて上体を下ろし、上体を一気に持ち上げると同時に空中でボールを逆手に持ちかえる

指導者MEMO　基本的には、「腕立て伏せ（メニューNo.178／226ページ）」と同様に、上半身の筋力をUPするためのものですが、より強い筋力や優れたバランス感覚が必要になります。高校生以上の選手向け。

基礎体力アップ

メニュー 192 バックアーチ

スキル系 **パワー系** スタミナ系

場所　どこでも可
目安　10回×1～2セット

ねらい　うつ伏せから上体をそらし、背筋を鍛える

うつ伏せから上体をそらす。
反動を使わないようにスピードをコントロールする

手順
① うつ伏せになり、両腕を頭上に上げる
② 写真のように、上体をそらして浮かせる

指導者MEMO
反動を使って行うと、脊柱（身体の軸をなす骨格）に過度の負担がかかり、故障につながる可能性があります。反動を使わずにスピードをコントロールして行いましょう

基礎体力アップ

メニュー 193 アーム&レッグ・エクステンション

スキル系 **パワー系** スタミナ系

場所　どこでも可
目安　10回×1～2セット

ねらい　腰を強化しながら、体幹部のバランスをUPする

両手足を地面についた状態から片手と片足を上げる
これを繰り返して行う

手順
① 両手と両ヒザを地面につく
② 写真のように、一方の手と、それと反対側の足を床と平行になるまで上げる。写真では左手と右足

指導者MEMO
不安定な体勢でのトレーニングのため、体幹部のバランス強化にもつながります。スピードをコントロールして、ゆっくりと手足の上げ下げを行いましょう。

基礎体力アップ

メニュー 194　縄跳び

スキル系　**パワー系**　スタミナ系

場所　どこでも可
目安　20〜30秒×3〜5種目

ねらい　リズム感を養い、ジャンプ力を身につける

手順

①縄跳び用の縄を用意する

②リズムよく縄跳びをする

指導者MEMO
ジャンプ力があることは、優れた選手になるための条件の1つ。いわゆる縄跳びは、手軽にジャンプ力を身につけることができる、基礎的なメニューです。前後や左右へのジャンプや二重跳びなど、いろいろなバリエーションで行いましょう。

基礎体力アップ

メニュー 195　タックジャンプ

スキル系　**パワー系**　スタミナ系

場所　どこでも可
目安　10回×2〜3セット

ねらい　その場でジャンプして、垂直方向へのジャンプ力を身につける

手順

①両モモを身体に引きつけて、その場でできるだけ高くジャンプする

②両足で着地したら、その反動を利用してふたたびすばやくジャンプする

指導者MEMO
両ヒザを高く引き上げることで負荷が高くなります。はじめはヒザを伸ばしたまま、その場で連続してジャンプするメニューを行い、それから少しずつヒザを引き上げていくとよいでしょう。

基礎体力アップ

メニュー 196 バウンディング

スキル系　**パワー系**　スタミナ系

場所　どこでも可
目安　5回×2〜3セット

ねらい　両足ジャンプで前へと進んで、水平方向へのジャンプ力を身につける

手順

① 立ち幅跳びの要領で、両足で踏みきってジャンプする

② 両足で着地したら、そのままふたたび連続で前へとジャンプしていく。

指導者MEMO　バリエーションとして負荷を高めるために、片足で行うことも可能です。まずは両足からはじめて、要領をつかめてきたら、片足でも行うようにするとよいでしょう。

基礎体力アップ

メニュー 197 サイドキック

スキル系　**パワー系**　スタミナ系

場所　どこでも可
目安　10回×2〜3セット

ねらい　真横にジャンプして、横方向へのジャンプ力を身につける

手順

① 片足で立ち、そこから写真のように真横にジャンプする

② ジャンプしたのとは逆の足で着地し、そのままもとのほうに大きく片足ジャンプする

指導者MEMO　着地の際にヒザが内側に入らない、また足がクロスしないように行うこと。しっかりとヒザのクッションを利用して着地しましょう。

基礎体力アップ

メニュー 198 ペースランニング

[スキル系] [パワー系] **スタミナ系**

場所　オールコート
目安　30〜40分

ねらい　いわゆる長距離走。1試合を通して動くことのできる持久力（有酸素性持久力）を養う

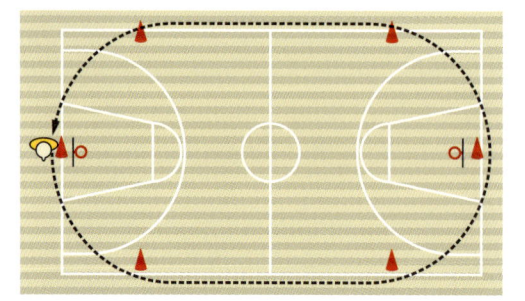

手順

① 距離がわかる陸上競技用トラックや公園のランニングコースを利用し、一定のペースで30〜40分走る。コートで行う場合は、図のようにコーンを置くと1周約75m、14周で約1kmになる

② 1km6分（30分走ると5km）ぐらいの楽に走れるペースからはじめ、慣れてきたらペースを上げる

③ 心拍数を参考にペースを決定することも1つの方法。専門の機器がなくても、たとえば10秒で何回かというように各自測らせて、その数字を6倍すればおおよその心拍数が確認できる。目安としては140〜160回／分ぐらいのペースがよい

指導者MEMO　重要なのは、距離と時間をきちんと設定して常に一定のペースで走ること。個人によって体力差があるので、同レベルの選手ごとにグループにわけて行うとよいでしょう。

基礎体力アップ

メニュー 199 インターミッテント2.25往復

[スキル系] [パワー系] **スタミナ系**

場所　オールコート
目安　10本

ねらい　試合の最後まで本来のスピードやパワーを持続できる持久力（無酸素性持久力）を養う

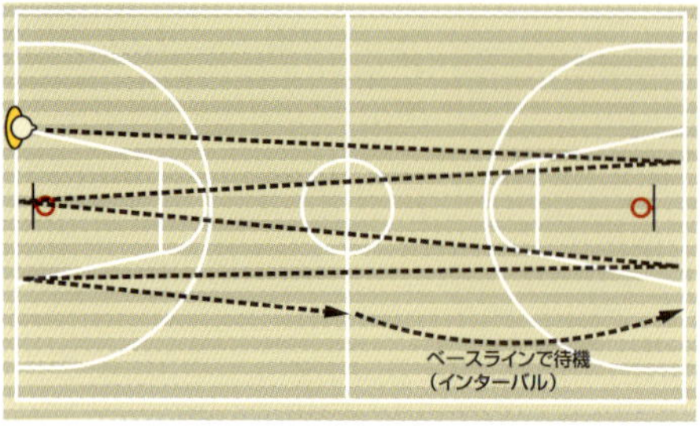

手順

① チームで効率よく行うため、3グループにわけてグループ順に行う。まずは、最初のグループがエンドラインに並ぶ

② 各選手は、図のようにベースライン間2.25往復（ペースは以下を参考）を走る。走り終わったら、反対側のベースラインで待機。1グループ目の2本目は、自分たちがゴールしてから1分後にスタートするようにインターバルを調整する

中学生男子：23〜26秒　中学生女子：25〜30秒
高校生以上男子：23〜25秒
高校生以上女子：25〜28秒

指導者MEMO　切り返し（鋭いターン）を何度もするダッシュは、小中学生にとっては筋力的な負荷が強すぎて、心肺機能に適切な負荷をかけることが難しくなります。本メニューのように、切り返しが少ないほうが、スピードが上がり、心肺機能に効率的に負荷がかけられます。

基礎体力アップ

メニュー 200

スキル系 パワー系 **スタミナ系**

インターミッテント 1＋1.5往復

場所 オールコート
目安 4本×2セット

ねらい 試合の最後まで、走っては止まりという運動を繰り返し行える持久力（間欠的持久力）を養う

❶ 1往復ダッシュ
❷ 片道ジョギング
❸ 1.5往復ダッシュ

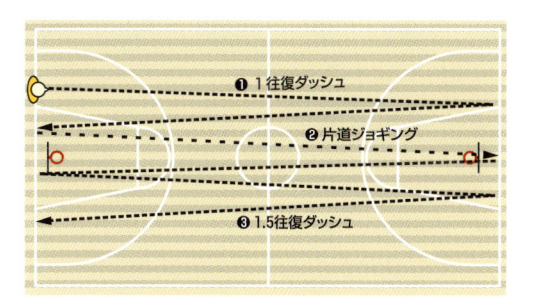

手順

① 3グループにわけてグループ順に行う。まずは、最初のグループがエンドラインに並ぶ

② コートのベースライン間をダッシュで1往復し、続いて片道をジョギング、最後に1.5往復をダッシュする（ペースは以下を参考）。3グループ目が終わったら、最初のグループがふたたびはじめる

指導者MEMO バスケットボールの試合は、常に激しいトランジション（攻防の切り替え）の連続です。このメニューは、メニュー199にくらべて、ダッシュのスピードを上げ、あいだにジョギングを挟むことで運動の強弱をつけて行います。ターン後の3歩を速くする意識で走りましょう。

中学生男子：❶ダッシュ10～11秒、❷ジョギング16～17秒、❸ダッシュ16～17秒
中学生女子：❶ダッシュ11～12秒、❷ジョギング17～18秒、❸ダッシュ17～18秒
高校生以上男子：❶ダッシュ10秒、❷ジョギング15秒、❸ダッシュ15秒
高校生以上女子：❶ダッシュ11秒、❷ジョギング16秒、❸ダッシュ16秒

基礎体力アップ

メニュー 201

スキル系 パワー系 **スタミナ系**

インターミッテント 1.75往復

場所 オールコート
目安 3本×3セット

ねらい 試合の最後まで、走っては止まりという運動を繰り返し行える持久力（間欠的持久力）を養う

❶ 1.75往復ダッシュ
❷ ジョギング

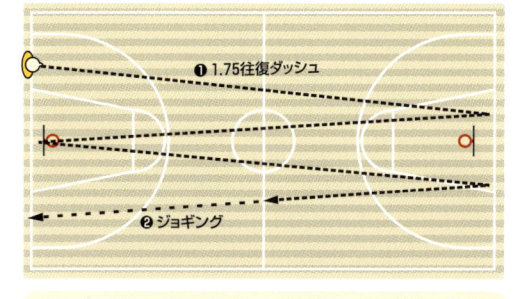

手順

① 図のように、コートのベースライン間1.75往復をダッシュし、その後ベースラインまでジョギング（ペースは以下を参考）

② これを3本連続で繰り返して行い、その後2分のインターバルをとる

③ 同じように3セット行う

指導者MEMO 設定タイムは、あくまでも目安です。体力には個人差があるため、まずはギリギリで行える時間を設定し、体力がついてきたら、少しずつ縮めていくようにするとよいでしょう。

中学生男子：❶ダッシュ20～22秒、❷ジョギング10秒
中学生女子：❶ダッシュ21～23秒、❷ジョギング10秒
高校生以上男子：❶ダッシュ20秒、❷ジョギング10秒
高校生以上女子：❶ダッシュ21秒、❷ジョギング10秒

Message by Shuji ONO

指導者の方へ
For the Coaches

大切なのは練習メニューや戦術の選択肢を広げること

指導者も学ばなければならない

　選手にとって指導者の影響は本当に大きなものです。私も学生時代、そして実業団から日本代表と、多くの指導者のもとで勉強させてもらいました。国内だけではありません。アメリカの指導者の方々からも影響を強く受けたことにより、バスケットボールという競技が持つ奥深さを知ることができたと心から感じています。

　現在は、指導者という立場でバスケットボールに携わっていますが、その立場になって指導することの難しさを知りました。ともすると選手時代よりも苦労が絶えないといえるかもしれません。バスケットボールの技術や戦術は日々進化していて、指導者はそれを把握する必要があります。また、選手のメンタル面をケアすることも、とても重要な要素です。指導者も選手と同様、もしくはそれ以上に、学んでいかなければならないことを実感しています。

いろいろなツールの活用を

　苦労が多いとはいえ、学ぶためのツールが数多くあり、努力次第で指導者としてのスキルを伸ばせることも確かな事実です。本書のような書籍や指導者向けのDVDは役立ちますし、また、講習会という選択肢もあります。私自身も、指導者の方々の交流の場になればと思い、2002年から「SHU'S・CAMP（シューズ・キャンプ）」という活動を始めました。

　書籍や講習会を通して、いろいろな方々の意見を知ると、必ずしもすべての意見が、自分の指導しているチームに還元できるとは限らないということに気がつくでしょう。しかし、それはある意味、自然なこと。

Interview 指導者の方へ

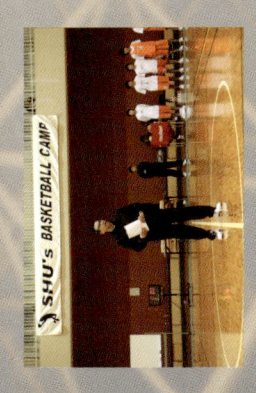

スケジュール・2009年開催例
(会場：日立総合体育館(千葉県柏市。講師の役職は当時当時のもの))

3月27日(金)

13:00～13:10	●OPENING
13:10～13:30	アミノ酸補給と朝食の重要性（大塚製薬東プレゼンテーション）
13:30～15:05	Half Court Zone Press Defense 講師：池内泰明（拓殖大学バスケットボール部ヘッドコーチ）
15:20～16:55	Fundamental of Kid's Basketball 講師：日高哲朗（千葉大学バスケットボール部ヘッドコーチ）
17:10～18:45	Our Motion Offense 講師：小野秀二（日立サンロッカーズヘッドコーチ）

3月28日(土)

09:30～11:05	Perimeter Player Skill & Shooting Drills 講師：池内泰明（拓殖大学バスケットボール部ヘッドコーチ）
11:20～12:55	Sunflowers' Transition Offense & Defense 講師：内海知秀（WJBL JOMOサンフラワーズヘッドコーチ）
14:15～16:00	Mechanism of Basketball ～練習を見直してみませんか！～ 講師：佐藤久夫（神奈川県立弥栄西高校女子バスケットボール部監督）
16:00～16:30	NIKEプレゼンテーション（BREAKを含む）
16:30～17:50	ジュニア期における世界と日本の現状について 星澤純一（神奈川県立金沢総合高校女子バスケットボール部監督）
18:30～20:30	懇親会

3月29日(日)

09:30～11:05	Drills for Building Your Man To Man Defense 日高哲朗（千葉大学バスケットボール部ヘッドコーチ）
11:20～12:55	Attacking Man To Man Defense -Princeton Offense- 吉田明司（筑波大学男子バスケットボール部ヘッドコーチ）
12:55～13:25	●CLOSING

SHU'S・CAMP

本書監修者である小野秀二氏が、その豊富な経験や理論を全国の指導者の方々と共有するために、2002年より、毎年3月に開催しているキャンプ形式の講習会。小野氏が考えるバスケットボールを普及させることが目的ではなく、さまざまな指導者を招き、バスケットボールに対する基本的な考え方やトップレベルの試合での経験談などが語られる。詳細は毎年決まり次第、以下のHP内に掲載。

http://www.coach-shuji.com/

Interview 招待著者の方々

選手の判断力を常にチェック

1つの練習方法を知り、それを実際に行う際には、選手のスキルを向上させているか、しっかりと確認することが大切です。また、たとえ1本のシュートが決まったとしても、その過程に課題が残されている場合があるということも忘れてはいけません。逆に、シュートがはずれても、ただ入らなかっただけのこともあり、そこに至るまではうまくいっている場合もあります。私は、選手自身がしっかりと見て正しく判断できているか否かを常にチェックするように心がけています。

なぜなら、チームによって選手の個性は異なるものであり、それらを引き出す指導方法は千差万別であってしかるべきなのです。重要なのは、まずはその選択肢を広げるということなのではないでしょうか。

このことは戦術面でも同じです。選手がきちんと理解して、正しいプレイをしているかどうか、指導者側はそれを確認しなければいけません。"Why（なぜ）"、この言葉が重要なキーワードとなります。

バスケットボールの魅力を多くの方々に広め、日本のバスケットボールのレベルをより高めていく。そして世界の強豪国にも通用する戦い方を追究していきたい。私はこの思いを忘れることなく、これからも指導の日々を送っていこうと意を新たにしております。

「SHU'S・CAMP」などを通じてみなさんとお会いできることを楽しみにしておりますし、また本書を通じて私の考えが少しでも多くのみなさんに伝わればうれしく思います。

小野 秀二

監修者

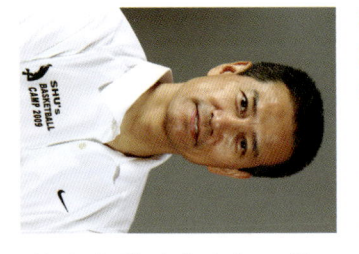

小野 秀二（おの しゅうじ）

1958年、秋田県出身。能代第一中、能代工業高→筑波大→住友金属。中学1年生からバスケットボールを始め、1975年当時としては初となる3冠（全国高校総合体育大会、国民体育大会、全国高校選抜大会）の原動力となる。そして筑波大、住友金属時代からと長きに渡り日本代表としても活躍。現役を引退後、1988年に愛知学泉大学男子バスケットボール部を創部し監督に就任。東海学生大会11連覇、東海学生リーグ10連覇、さらに2000年には西日本大学選手権を制覇し、インカレベスト4に導いた。同年、トヨタ自動車アルバルクのアシスタントコーチを経て翌年からヘッドコーチに。JBLスーパーリーグ2001-2002シーズンにはチームを優勝へと導き、自身、コーチ・オブ・ザ・イヤーを獲得した。その後、2005年には日立サンロッカーズのヘッドコーチに就任。2008-2009シーズンはJBLと全日本総合選手権、ともに準優勝。強豪チームを作り上げてきた手腕が高く評価され、2009年に日本代表ヘッドコーチに就任した。

小野秀二・オフィシャルサイト
http://www.coach-shuji.com/

バスケットボール練習メニュー200

考える力を伸ばす！

監修者　小野 秀二
発行者　池田士文
印刷所　株式会社光邦
製本所　株式会社光邦
発行所　株式会社池田書店
　　　　〒162-0851　東京都新宿区弁天町43番地
　　　　電話03-3267-6821（代）／振替00120-9-60072
落丁・乱丁はおとりかえいたします。

© K.K.Ikeda Shoten 2009, Printed in Japan
ISBN978-4-262-16326-0

本書のコピー、スキャン、デジタル化等の無断複製は、著作権法上での例外を除き禁じられています。また本書を代行業者等の第三者に依頼してスキャンやデジタル化することは、たとえ個人や家庭内での利用でも著作権法違反です。

19058002

モデル

日立サンロッカーズ

2000年創部。2005-06シーズンに創部以来初のJBLプレーオフに進出、2008-2009シーズンにはJBLと全日本総合選手権ともに準優勝を果たす。チーム名の由来は、"太陽（サン）に向かって撃つ（ロック）"激しいゲームを描く集団。

日立サンロッカーズ・オフィシャルサイト
http://www.hitachi.co.jp/sports/sunrockers/

STAFF

監修　小野 秀二
協力　小山孟志
執筆協力　渡辺 淳二
編集・制作　オメガ社（小林 英史）
デザイン　Design Office TERRA
レイアウト・図版制作　オノ・エーワン
撮影　圓岡 紀夫

SPECIAL THANKS

取材・撮影協力
（株）日立製作所 日立柏体育館